Rabbi Wolff und die Dinge des Lebens

Rabbi Wolff und die Dinge des Lebens

Erinnerungen und Einsichten

zusammengestellt von

Britta Wauer

HENTRICH & HENTRICH

Impressum

Inh. Dr. Nora Pester
Wilhelmstraße 118
10963 Berlin
info@hentrichhentrich.de
http://www.hentrichhentrich.de

Umschlagfotos: Uli Holz

Lektorat: Sarah Pohl
Gestaltung: Michaela Weber, Leipzig
Gesamtherstellung: Thomas Schneider, Jesewitz

2. Auflage 2016

Printed in the E.U.
ISBN 978-3-95565-154-1

Inhalt

Vorwort

Worte haben immer einen großen Part in meinem Berufsleben gespielt, zuerst als Journalist bei englischen Tageszeitungen, später und bis heute als Rabbiner. Aber etwas Autobiografisches zu schreiben, habe ich immer abgelehnt. Das Interesse an mir selbst hat seine Schranken. Viel lieber wollte ich Bücher über mutige Frauen, die Größen des deutschen Judentums und die englische Politik der Nachkriegszeit verfassen.

Stutzig wurde ich, als ich sah, dass ich hier als „wohl ungewöhnlichster Rabbiner der Welt" beschrieben wurde. Dabei war ich immer der Ansicht, ich wäre kaum anders als Dutzende von anderen Gemeinderabbinern in Europa. Gut, nicht jeder war zuvor Journalist gewesen, der von Rom über Reykjavík durch die Welt mit oder ohne englischen Außenminister gereist ist.

Meine Familie ist durch eine sehr frühe Auswanderung der Vernichtung entkommen. Dafür hatte sie auch einen Preis zu bezahlen. Ich stamme aus einer unglücklichen Familie und hatte nie vor, das alles einmal auszubreiten. Es ist aufreibend und schwer, damit fertig zu werden. Alles, was an Fotoalben da war, habe ich nach dem Tod meiner Mutter weggeworfen. Nur wenige Bilder habe ich meinen Neffen nach Amerika geschickt. Ich habe nicht geglaubt, dass sich noch irgendjemand dafür interessieren würde.

Wenn es etwas gibt, worauf ich in meinem Leben stolz bin, dann darauf, dass ich sowohl meine Großmutter als auch meine Mutter bis zu ihrem Tod zu Hause gepflegt habe.

All das hat es mit sich gebracht, dass ich eine Vielfalt von menschlichen Schicksalen an meiner eigenen Seele erfahren habe. Ob mir das auch Weisheit verliehen hat, würde ich eher bezweifeln. Aber darüber kann sich nun jeder sein eigenes Urteil bilden.

Ich wünsche Ihnen viel Freude, verbunden mit Interesse beim Lesen.

Berlin, 1. März 2016
Rabbiner William Wolff

Die Zwillingsbrüder Wilhelm (links) und Joachim auf dem Schoß der Kinderfrau, rechts Schwester Ruth, Berlin im Sommer 1927

Wolff Wolff

Als meine Mutter schwanger war, hat ihre Schwägerin festgelegt, welchen Namen ich tragen werde. Meine Mutter ärgerte sich sehr darüber, sie fand, dass sie dazu auch gefragt werden sollte. Für die Schwester meines Vaters aber stand fest, dass der älteste Sohn den Namen des Großvaters tragen würde, und so fragte sie immer: „Wann wird endlich unser kleiner Wilhelm geboren?"

Gegen diese Bevormundung hat meine Mutter auf zweifache Weise protestiert: Am 13. Februar 1927, anderthalb Stunden, nachdem „Wilhelm" geboren war, hat sie noch einen zweiten Jungen zur Welt gebracht, meinen Zwillingsbruder, dem sie den Namen Joachim gab. Mich selbst aber hat sie mit einer Reihe von Kosenamen bedacht. Kein einziges Mal in ihrem Leben hat sie mich „Wilhelm" genannt.

Sie kannte den Vater ihres Mannes nicht, er war schon gestorben, bevor sich meine Eltern begegneten. Ursprünglich hatte der Großvater Wolff Wolff geheißen, das war ihm aber ein „Wolff" zu viel und er ließ seinen Vornamen in „Wilhelm" ändern. Dafür bin ich ihm dankbar, so blieb mir das Schicksal eines doppelten Wolffs erspart.

Wilhelm Wolff war ausgebildeter Schneider und leitete um die Jahrhundertwende die Herrenabteilung eines großen Kaufhauses in Hannover. Auf dem Foto, das ich von ihm habe, sieht er sehr sympathisch aus. Ich frage mich manchmal, was geschehen ist, dass sein Sohn, mein Vater, ein so schwieriger Mensch wurde.

Alfred Wolff war schon 44, als er meine Mutter heiratete. Sie war zwanzig Jahre jünger als er und hieß Charlotte, eine geborene Rothstein. Beide stammten aus deutsch-jüdischen

Großvater Wilhelm Wolff, ursprünglich Wolff Wolff,
nach dem Willy benannt wurde,
Porträtfoto um 1900

Willy Wolff, Juni 1928

Familien, aber er war streng orthodox. Man sah es ihm nicht an. Im deutschen orthodoxen Judentum trugen die Männer in der Regel keine Bärte oder Seitenlocken und eine Kopfbedeckung nur dann, wenn sie beteten, aßen oder sich mit religiösen Schriften beschäftigten. Jüdisch-orthodox zu sein bedeutete damals, sich an die Gebote und Vorschriften zu halten, es hieß nicht, eine bestimmte Tracht zu tragen. Mein Vater sah aus wie jeder andere Mann auch.

Nach jüdischem Gesetz ist nur Jude, wer von einer jüdischen Mutter abstammt. Die Herkunft des Vaters ist dem Judentum egal. Wenn der Vater ein Jude ist und die Mutter nicht, gelten die Kinder des Paares als nichtjüdisch. In meinem Fall hatte das eine gewisse Ironie: Ich bin Jude, weil meine Mutter jüdisch war, sie aber hatte kein großes Interesse am Judentum und war entsetzt, als ihr der älteste Sohn gestand, dass er Rabbiner werden möchte. Das war aber erst viele Jahre später, als wir längst in London wohnten und mein Vorname in „William" anglikanisiert worden war.

Wir lebten in Berlin im Hansaviertel, direkt an der Spree. Mein Vater ging in die Synagoge der orthodoxen Adass Jisroel Gemeinde in der Lessingstraße. Heute steht dort nur ein Gedenkstein, auf dem die einstmals berühmten Mitglieder der Gemeinde aufgeführt sind. An Albert Einstein kann ich mich nicht erinnern, an einige andere aber durchaus, zum Beispiel an Ismael Elbogen, der ein bahnbrechendes Buch über jüdische Liturgie geschrieben hat, und an Rabbiner Dr. Heinrich Cohn, den alle nur „Heini" nannten. Auch an den Maler Hermann Struck entsinne ich mich; sein Bruder Felix brachte einmal meine Schwester Ruth nach Hause, nachdem mein Vater sie in der Synagoge vergessen hatte.

Das Haus, in dem wir wohnten, steht heute nicht mehr, aber ich weiß, dass es eine große Wohnung mit vielen Zimmern war. Am Sonnabend zum Sabbat, wenn wir nach dem Gottesdienst zusammen Mittag aßen und die Suppe aufgegessen war, musste jemand die Tür aufmachen und den Korridor hinunter rufen: „Bitte weiter!" Dann kam das Dienstmädchen aus der Küche und brachte den nächsten Gang.

Wir hatten, wie es in den bürgerlichen Kreisen damals üblich war, auch ein Kindermädchen, die sich um uns drei Geschwister kümmerte. Einmal in der Woche kam noch die Wäschefrau, um die Sachen der Familie zu waschen und zu bügeln. Das ist heute unvorstellbar. Ich habe mal gelesen, dass die bedeutendste Erfindung des 20. Jahrhunderts nicht etwa der Computer, sondern die Waschmaschine sei. Das glaube ich sofort. Nichts hat das Leben der Frauen im 20. Jahrhundert so sehr verändert wie die Waschmaschine und „die Pille".

Gummifabrik

Mein Vater hatte als junger Mann einige Jahre in London gelebt. Seit dieser Zeit hatte er gute Verbindungen nach England und vertrat mehrere englische Firmen in Deutschland. Er war aber auch an einer Fabrik in Berlin-Weißensee beteiligt, der *Standard Para Gummifabrik*, die Produkte aus Gummi herstellte, meistens für den medizinischen Bereich. Sein Sozius Wilhelm Holzberg, ein Nichtjude, wurde später, als wir Deutschland verließen, alleiniger Geschäftsführer.
Interessanterweise verlief das Geschäftsleben meines Vaters parallel zum Gummizeitalter. Als Gummiprodukte populär waren, florierten seine Geschäfte, und als mein Vater kurz nach Ende des Zweiten Weltkrieges starb, war es mit Gummi vorbei; Kunststoff und Plastik setzten sich durch.
Mein Vater hat sich im Grunde genommen nicht sonderlich für uns Kinder interessiert. Er war den ganzen Tag geschäftlich unterwegs und kam in der Woche erst gegen sieben Uhr

abends nach Hause. Einmal hat mein Vater meinen Zwillingsbruder und mich in sein Büro mitgenommen, und das Chaos auf seinem Schreibtisch war unbeschreiblich. Mein Vater suchte einen bestimmten Brief und hat mitten aus einem großen Stapel von Papieren an einem Blatt gezogen. Es kam das gewünschte Papier zum Vorschein, aber ich sagte mir: „So wirst Du niemals leben!" Ich muss gestehen, dass ich genauso lebe. Diese Unordentlichkeit habe ich von meinem Vater geerbt.

14 Tage nach der Machtübernahme der Nazis wurden mein Zwilling und ich sechs Jahre alt. Im April 1933 kamen Joachim und ich auf die Schule der Adass Jisroel Gemeinde, nur wenige Minuten Fußweg von unserem Zuhause entfernt. Wir sind nur drei Monate in Berlin zur Schule gegangen. Dann bestand meine Mutter darauf, dass wir auswandern.

Frau Friedländer

Wenn meine Mutter gefragt wurde, warum wir schon im September 1933 Berlin verlassen haben, erzählte sie die Geschichte von Frau Friedländer, die im Hansaviertel, wo wir wohnten, als Schneiderin arbeitete. Damals wurde noch viel geflickt, gekürzt, verlängert oder enger gemacht, und sowohl meine Mutter als auch meine Großmutter waren Kundinnen bei ihr. Frau Friedländer hatte eine Tochter namens Magda, die einen jungen Politiker heiratete, sein Vorname war Joseph und sein Nachname: Goebbels. So war Frau Friedländer die Schwiegermutter des Reichspropagandaministers. Als die Nazis 1933 an die Macht kamen, meinte meine Mutter, dass durch die Verbindung zu Frau Friedländer unsere Namen womöglich schon früh in den Fokus der Nazis rücken könnten, und so wollte sie so schnell wie möglich weg.

Die Geschwister Ruth, Willy (Mitte) und Jo
ein halbes Jahr nach ihrer Ankunft in Amsterdam,
April 1934

Wir sind am Abend des 27. Septembers 1933 in den Nachtzug gestiegen und waren am nächsten Tag, mittags halb eins, in Amsterdam.

Amsterdam

Ich war sechs Jahre alt, als wir nach Amsterdam kamen. Es wurde die Stadt meiner Kindheit und ich bin heute noch gern dort. Wir haben uns sehr wohl gefühlt in Holland. Alle außer Vater.

Wir kamen nur mit unseren Koffern an. Meine Eltern hatten keine Unterkunft, sie hatten gar nichts. Sie mussten eine Wohnung finden, den Haushalt aus Berlin kommen lassen und ein neues Leben aufbauen. Es wäre schwer gewesen, sich dabei auch noch um drei kleine Kinder zu kümmern. So wurde entschieden: Die Kinder kommen ins Heim. Als das zur Sprache kam, fing ich an zu weinen. Ich hatte die Vorstellung, ich würde meine Eltern nie wiedersehen. Aber es gab keine Diskussion, wir wurden ins Kinderheim nach Hilversum geschickt, wo wir, soweit ich mich erinnere, nicht unglücklich waren.

Bald nach unserer Ankunft in Amsterdam bekam mein Vater einen Nervenzusammenbruch. Die ganze Situation, dass er sich in einem Land befand, das er nicht kannte, in dem er keine Existenz hatte, aber eine junge Familie ernähren musste, hat ihn überwältigt. Er war nicht im Stande, auch nur eine Entscheidung zu treffen.

Meine Mutter brachte ihn nach Kreuzlingen in die Schweiz, damals wahrscheinlich eine der bekanntesten und bestimmt auch teuersten Nervenkliniken Europas. Er kam erst neun Monate später zurück, als meine Mutter schon eine Wohnung

Jo, Ruth und Willy im niederländischen Badeort
Zandvoort, Juli 1935

eingerichtet, die Kinder zu sich geholt und uns eingeschult hatte. Sie hatte alles allein bewältigt und meines Erachtens dabei viel Mut, aber auch Organisationstalent bewiesen; Fähigkeiten, die bis dahin nie von ihr verlangt worden waren.

Dort, wo wir in Amsterdam lebten, gab es keine jüdische Tagesschule. Wir besuchten eine allgemeine, öffentliche Schule und sind auch später nie wieder auf eine jüdische Schule gegangen. Ich bin sehr dankbar dafür, dass ich in einer allgemeinen Umgebung aufgewachsen bin und Kontakte zu nichtjüdischen Menschen hatte.

Wir Geschwister haben schnell gelernt und untereinander Holländisch gesprochen. Mein Zwillingsbruder und ich waren gute Schüler, er besser als ich. Meine Schwester besuchte ein Mädchen-Lyzeum, wo sie von einem Mathematiklehrer unterrichtet wurde, der Max Euwe hieß. Dieser Mann war Großmeister im Schach. Man würde meinen, dass er es nicht nötig gehabt hätte, als Lehrer zu arbeiten. Heute verdient man mit solchen Titeln ein Vermögen, aber damals eben nicht. Als Weltmeister hat er nur Ruhm und Ehre bekommen, weiter nichts.

In Amsterdam hatten wir Kinder auch das Glück, dass in der großen Gemeinde in der Lekstraat, zu der wir gehörten, einige Männer entschieden, einen Jugendgottesdienst einzurichten. Sie haben das sehr ernsthaft getan und wenig von der Liturgie gestrichen, wie es meistens bei Jugendgottesdiensten der Fall ist. Der Gottesdienst unserer Kindheit hat beinah die volle Liturgie mitgemacht. Manchmal wirkten auch Jugendliche mit, was einen tiefen Eindruck auf mich hinterließ. Meinen Bruder interessierte Religion nie sonderlich, meine Schwester und mich dafür umso mehr, und so sind wir gern dahingegangen.

Die Synagoge in Lekstraat ist heute ein Auktionshaus. Man sieht noch, wo der Toraschrank stand und das Predigtpult, aber im früheren Gebetsraum stehen jetzt Glasvitrinen mit Kunstwerken. Wenn ich daran denke, tut mir das weh, ich bin schließlich bei der Einweihung der Synagoge dabei gewesen. Aber im Gegensatz zu einer Kirche ist eine Synagoge kein geweihter Ort. Man kann dort alles machen, singen, tanzen, feiern – auch wenn es offiziell ein Gebetshaus ist.

Geschäftsmann

Mein Vater hatte in Holland einen Vertreter. Die Idee war, dass sie zusammen etwas Geschäftliches aufbauen. Das haben sie auch versucht, aber es ist ihnen nicht gelungen.

In Amsterdam hatte mein Vater auch erst ein Büro, aber dann, um Geld zu sparen, arbeitete er von zu Hause, und so wurde die Beziehung meiner Eltern immer schwieriger. Auch wenn man so etwas nie sagen kann, glaube ich, dass die Ehe in Berlin vielleicht länger gehalten hätte. In Berlin war mein Vater den ganzen Tag geschäftlich unterwegs, am Sonnabendvormittag war er in der Synagoge, nachmittags gab es Besuche bei oder von der Verwandtschaft und abends sind meine Eltern mit Freunden ausgegangen. In Amsterdam fiel das alles weg. Sie waren völlig allein und aufeinander angewiesen.

Es gibt Leute, die sagen, dass es von meinen Eltern sehr weitsichtig war, aus Holland wegzugehen, dass sie schon ein Gespür hatten, dass Hitler dort auch hinkommen würde. Das ist sehr freundlich, ich glaube nur, dass es nicht ganz so war. Mein Vater ist einfach mit dem Leben in Holland nicht fertiggeworden, weder geschäftlich noch mit der Sprache. Als junger Mann – er stammte aus Hannover – hatte er schon

Charlotte Wolff, geb. Rothstein
im Juli 1935 in Zandvoort

mehrere Jahre in England gelebt und auch in Deutschland vertrat er immer englische Firmen. Als es in Amsterdam nicht klappte, fing er an, mehr und mehr Zeit in England zu verbringen und dort seinen Lebensunterhalt zu verdienen. So war es nur eine Frage der Zeit, wann er seine Familie nachholen würde.

Meine Mutter aber hatte sich in Amsterdam ein neues Leben aufgebaut, sie war Ende 30 und hatte zwei blühende Freundeskreise, einen aus deutsch-jüdischen Emigranten und einen aus Holländern. Sie war alles andere als entzückt von der Idee, nach England zu ziehen. Meinem Vater sagte sie, dass sie bleiben würde, bis wir Zwillinge die Grundschule abgeschlossen hätten. Weil sie die Abreise immer weiter hinausschob, rief mein Vater Ende August 1939 an und verlangte mit Nachdruck: „Kommt sofort. Aber sofort!"

So haben wir Amsterdam sehr schnell verlassen, ohne Möbel, nur mit dem Nötigsten. Wir sind nach Hoek van Holland und von dort mit dem Schiff nach Harwich gefahren. Am Abend des 28. August betraten wir englischen Boden. Drei Tage später ist Hitler in Polen einmarschiert und am 3. September haben England und Frankreich Deutschland den Krieg erklärt.

London

Mein Vater hatte schon Anfang 1939 ein Haus im Nordwesten Londons gekauft. Hendon ist heute ein sehr jüdisches Viertel, und schon damals ist mein Vater dorthin gezogen, weil die Synagoge in Laufweite war.

Die Hendon United Synagogue war ganz modern, das Gebäude war erst vier Jahre alt und sie hatte einen wunderbaren Kantor, David Koussevitzky, der aus Litauen stammte. Er hatte eine schöne, kräftige Stimme und er verstand es auch, sich selbst zu inszenieren. Wenn er mit der Torarolle durch die Synagoge ging, hat es sich gelohnt, auf jeden seiner Schritte zu achten, denn er hat sich mit großer Würde bewegt und seine Ausstrahlung war faszinierend. Es war ein Erlebnis, ihn zu hören, aber er hat damit auch viele Rabbiner in den Schatten gestellt. Ihre Predigten mussten ganz besonders gut sein, um mit ihm zu konkurrieren. Mich hat Koussevitzky lebenslang geprägt. Er hat mir gezeigt, welche Bedeutung Musik und Würde für den Gottesdienst haben.

Leider hat Koussevitzky nach dem Krieg ein Angebot aus New York bekommen, wo er erheblich mehr verdienen konnte. Die Synagogengemeinde in London hatte ihm nicht gestattet, Konzerte zu geben, was ihm die Amerikaner ohne Probleme erlaubten. So ist er nach New York gezogen, was ein großer Verlust war, aber die richtige Entscheidung für ihn. In New York hat er es zu Weltruhm gebracht. Später trat er auch einige Male in London auf, wo er nicht nur jüdisch-liturgische Musik vorgetragen hat, sondern auch italienische Arien. Als wir uns damals wiedersahen, sagte er mir, wenn er in England geblieben wäre, hätte er dafür gesorgt, dass ich eine Ausbildung zum Kantor bekommen hätte. Aber so gab es niemanden, der sich dafür einsetzte.

Die Geschwister Jo, Ruth und Willy (rechts)
aus Anlass der Bar Mizwa der Zwillinge, London
im Frühjahr 1940

Krieg

Wenn ich daran zurückdenke, war der Rest meiner Kindheit doch sehr einsam. Es waren keine Verwandten mehr da – sie sind zurückgeblieben oder woandershin ausgewandert – und Freundschaften musste man völlig neu schließen. Das war nicht immer leicht.

Die Ehe unserer Eltern scheiterte damals endgültig. Ein Vergnügen war es nicht, dabei zu sein. Die Trennung zerstörte auch unser Gesellschaftsleben. Mehrere Familien, vor allem die sehr orthodoxen, haben uns danach gemieden.

Durch den Kriegsbeginn waren die Schulen in London zunächst geschlossen. Erst im Januar 1940, kurz vor unserem 13. Geburtstag, sind mein Zwillingsbruder und ich eingeschult worden. Das Erste, was der Geschichtslehrer sagte, war: „Wir haben drei Monate verloren. Was ich in dieser Zeit unterrichten wollte, müsst ihr euch selbst erarbeiten." Mein Zwilling und ich waren die einzigen, die sich die Mühe machten, das Lehrbuch durchzuarbeiten. Um es zu verstehen, mussten wir immer im Wörterbuch nachschlagen. So haben wir, als wir das Geschichtsbuch durchgelesen hatten, nicht nur den historischen Stoff gelernt, sondern sehr bald auch Englisch.

Mit unserem 13. Geburtstag wurden wir Brüder Bar Mizwa, vollwertige Mitglieder der jüdischen Gemeinschaft. Nur 14 Tage vor uns hatte ein anderes Zwillingspaar, die Brüder Kennard, in unserer Synagoge Bar Mizwa gefeiert. Weil es so ungewöhnlich war, dass innerhalb kürzester Zeit zwei Zwillingspaare dieses Ereignis begingen, wurde darüber in der Wochenzeitschrift „Jewish Chronicle" berichtet. Das war das erste Mal, dass mein Name in der Zeitung stand.

In England besuchten wir auch die Gottesdienste für Kinder und Jugendliche, aber ich fand sie nicht ernsthaft genug. Sie waren so vereinfacht, dass sie für uns völlig unzulänglich waren, ganz anders, als wir es aus Holland gewohnt waren.

Stattdessen bekamen mein Bruder und ich Religionsunterricht beim ehemaligen Berliner Gemeinderabbiner Dr. Moritz Freier. Es tut mir immer ein bisschen weh, dass er heute fast vergessen ist, im Gegensatz zu seiner Frau Recha Freier, die in der deutsch-jüdischen Geschichte eine Berühmtheit wurde. Sie hat 1933 die „Jugend-Alijah" gegründet, eine Organisation, die tausenden jungen Menschen half, das Deutsche Reich zu verlassen, und ihnen damit das Leben rettete.

In Berlin war Moritz Freier ein sehr guter Prediger gewesen und hat drei Synagogen betreut: Rykestraße, Heidereutergasse und Kaiserstraße. In London lebte er allein, beinahe in Armut. Er verdiente seinen Lebensunterhalt durch Unterrichten und kam dafür zu uns nach Hause.

Wir wohnten nur anderthalb Kilometer von einem Luftwaffen-Stützpunkt der Royal Airforce, und als die Deutsche Luftwaffe im September 1940 ihre Bombenangriffe auf London begann, war das natürlich ein lohnendes Ziel. Jeden Abend fielen die Bomben, aber man gewöhnte sich daran. Die ersten Tage ging ich in den Luftschutzkeller, aber ich konnte dort nicht schlafen, es war mir zu heiß und zu eng. So bin ich einfach zu Hause geblieben.

Das Heimtückische war 1944, als die unbemannten V-Bomben nach London geschickt wurden. Man hörte, wie sie näherkamen, dann gab es den Moment, als der Motor automatisch abgeschaltet wurde. Man wusste, jetzt kommen sie runter, aber man wusste nicht, wo: vor der eigenen Tür oder zwei Kilometer entfernt? Ein paar Straßen weiter fiel eine

Undatiertes Foto von Willy (links), Vater Alfred Wolff
und Jo, um 1943 in London

V-Bombe herunter und hat die Bewohner getötet. Aber uns ist nichts passiert. Wir blieben verschont.

Ich bin kein Militärhistoriker, aber ich glaube, dass die Lehre, die man aus dem Zweiten Weltkrieg ziehen konnte, die war, dass ein Krieg nicht aus der Luft gewonnen werden kann. Dass der Angriff auf die Bevölkerung deren Widerstandswillen eher stärkt. Es bedarf Truppen auf der Erde, die Länder und Städte erobern. Die Nazis haben Rotterdam und Coventry zerstört und die Engländer zum Schluss noch Dresden. Aber es hat das Ende des Krieges nicht beschleunigt. Es hat im Grunde genommen auf den Verlauf des Krieges kaum einen Einfluss gehabt. Das denke ich, aber das sollen Historiker bestätigen oder auch nicht.

Der Weg in den Journalismus

Als ich 16 war und in der Schule gefragt wurde, was ich beruflich machen möchte, habe ich geantwortet, dass ich entweder Rabbiner oder Journalist werden will. Rabbiner wollte ich schon in Berlin, mit vier oder fünf Jahren werden. Und Journalismus hat mich einfach interessiert.

Miss Davis, die vom Leiter der Schule beauftragt worden war, uns Schülern eine Berufsberatung zu geben, war Hauptlehrerin für Französisch. Sie hatte keine Ahnung, weder wie man Journalist noch wie man Rabbiner wird, aber sie hat sich gedacht: „Der Wolff ist gut in Französisch!" und hat mir ein halbes Stipendium für die französische Schule in London besorgt. Auf dem Lycée Français habe ich 1943 nicht nur fließend Französisch gelernt, sondern auch einen zweisprachigen Kurs in Büroarbeit absolviert, dazu gehörte Stenographieren und Maschineschreiben. Ich kann immer noch in die Luft gucken und mit neun Fingern tippen. In meinem

Terminkalender steht das meiste in Steno geschrieben, nicht weil ich meine Verabredungen geheim halten will, sondern weil es schneller geht. Für die Ausbildung an der französischen Schule bin ich Miss Davis bis heute dankbar.

Ich musste früh lernen, Geld zu verdienen, an ein Studium war nicht zu denken, so stellte ich mich anschließend beim Büro der Nachrichtenagentur Reuters vor. Ich lebte damals noch streng orthodox und fragte beim Vorstellungsgespräch, ob ich vielleicht sonnabends frei bekommen könnte, um in den Gottesdienst zu gehen. Es würde mir im Gegenzug nichts ausmachen, an Weihnachten, Ostern und den anderen christlichen Feiertagen zu arbeiten. Jimmy Green, der Chef, antwortete nur: „Wir arbeiten hier alle an sieben Wochentagen, ich glaube nicht, dass ich Ausnahmen machen kann. Das wäre unfair den anderen Mitarbeitern gegenüber." Das sah ich ein und nahm stattdessen einen kleinen Büroposten bei einer zionistischen Organisation an. Aber nur drei, vier Wochen später meldete sich Green bei mir und sagte, er habe mit seinen Mitarbeitern gesprochen. Niemand habe etwas dagegen, dass ich sonnabends freinehme. So begann ich meine Arbeit bei Reuters.

Es war im letzten Jahr des Krieges und ich saß am Stadtrand von London, in High Barnet, wo Reuters seine Radioempfangsstation hatte. Die Presseagenturen schickten ihre Nachrichten über ein System, das nach seinem Erfinder Hell hieß, auf Englisch sagte man „ticker machine" dazu. Die Neuigkeiten kamen auf Papierstreifen heraus, nicht wie bei Morse in einem Punktsystem, sondern in Buchstaben. Ich habe die Sendungen aus Kontinentaleuropa mitgehört und aufgeschrieben, zum Beispiel den täglichen Bericht vom Oberkommando der Wehrmacht. Es galt als kriegswichtige Arbeit und es war mein erster bezahlter Posten.

Orthodoxie

Das Judentum ist, wie alle Religionen, sehr vielfältig. Es gibt die Ultraorthodoxie, die Orthodoxie, es gibt ein liberales Judentum, ein konservatives und noch mehr Auswahl. Es ist überall im religiösen Leben so, dass Religionen sich spalten und Strömungen entstehen. Ich bin kein Fachmann dafür, aber im Islam gibt es Schiiten und Sunniten; im Christentum Katholiken und Protestanten, es gibt die römisch-katholische Kirche, die griechisch-orthodoxe, die anglikanische und etliche mehr. Es gibt verschiedene Gruppierungen und jeder kann die Strömung finden, mit der er sich am wohlsten fühlt.

Mit Anfang 20 hat die Orthodoxie entweder mich verlassen oder ich sie. Es gab zweierlei Gründe dafür. Zum einen ist die Orthodoxie sehr fundamentalistisch. Nach orthodoxer Meinung soll beispielsweise jedes Wort in den fünf Büchern Moses von Gott persönlich diktiert worden sein. Aber wenn man den Text liest, ist das wirklich nicht möglich. Es gibt eine Anzahl von Widersprüchen darin, es würde bedeuten, dass Gott, als er Moses das 4. Buch diktierte, vergessen hätte, was er im 1. oder im 2. Buch gesagt hat. Also, es hat für mich keinen Sinn gemacht. Das war für mich der theologische Grund, von der Orthodoxie Abschied zu nehmen.

Es gab aber auch einen gesellschaftlichen Grund. Nachdem die Ehe meiner Eltern auseinandergegangen war, lebte meine Mutter mehrere Jahre mit einem anderen Mann zusammen, obwohl sie offiziell noch mit meinem Vater verheiratet war. Das war in der Orthodoxie nicht akzeptabel. Erst nachdem mein Vater gestorben war, konnte sie meinen Stiefvater heiraten. So gab es gewisse Schwierigkeiten, die das Leben in der strengen Orthodoxie für mich unerträglich machten.

Meine Schwester ging einen anderen Weg. Sie verließ das, was einmal die deutsche Orthodoxie war, und ging in die Ultraorthodoxie. Sie hat sich zurückgezogen in eine jüdisch-religiöse Kultur und hat im Grunde genommen mit der Außenwelt nicht mehr viel zu tun gehabt. Ultraorthodoxe leben wirklich abgesondert von der Welt. In christlichen Begriffen würde man sagen, sie leben beinahe wie im Kloster, nur dass es im Judentum keine Kloster gibt, in denen nur ein Geschlecht zusammenlebt. Im Judentum ist das Familienleben sehr wichtig.

Meine Schwester heiratete einen ultraorthodoxen Mann, zog nach Gateshead im Norden von England und bekam sechs Kinder, drei Söhne und drei Töchter. Die Kinder haben auch eine Reihe von Nachkommen, aber die meisten davon kenne ich nicht. Sie sind eben ultraorthodox und leben in dieser etwas abgeschlossenen Welt, ob in Israel oder Amerika, spielt dabei kaum eine Rolle.

Mit zwei der drei Neffen verstehe ich mich gut. Einer lebt in New York, der andere in Cincinnati und Jerusalem. Mit einer Enkeltochter bin ich auch in engem Kontakt. Sie kümmern sich rührend um mich und rufen immer wieder an. Obwohl ich ein liberaler Rabbiner bin, was im Grunde genommen von ihnen nicht anerkannt wird, akzeptieren wir uns so, wie wir sind. Große theologische Diskussionen führe ich nicht mit ihnen und meine Predigten wollen sie sowieso nicht hören.

Undatiertes Porträt von Willy Wolff, London
in den 1950er Jahren

Vater

Mein Vater starb im November 1946 in der psychiatrischen Anstalt Shenley, in Hertfordshire. Die Klinik hatte uns kurz vorher informiert, dass es ihm schlecht gehen würde, aber als meine Mutter und ich in Shenley eintrafen, war er bereits tot. Er hatte die Nahrung verweigert und sollte zwangsernährt werden. Der Gummischlauch kam in seine Atemwege und daran ist er erstickt.

Mein Vater hat es einem nicht leicht gemacht, ihn zu mögen. Er war herrisch, und was er sagte, war Gesetz. Aber sicherlich muss er auch einmal charmant gewesen sein, sonst hätte sich meine Mutter nicht in ihn verliebt. Denn die Ehe der beiden war alles andere als arrangiert.

Als ich viele Jahre später, ungefähr 30 Jahre nach seinem Tod, mit meiner Mutter nach Polen fuhr, habe ich mich verfahren und wir kamen durch Wrocław, das frühere Breslau, was wir nicht beabsichtigt hatten. Plötzlich lehnte sich meine Mutter zu mir herüber, schaute aus dem Fenster hinauf und sagte: „Könntest Du mal kurz anhalten?" Sie wollte, dass ich drei Häuser zurückfahre und dann sagte sie: „Hier lebte mein erster Verlobter!"

Der Mann, den sie zuerst heiraten wollte, hieß Georg Schragenheim, er war der Cousin meines Vaters. Auf einer Familienfeier, zu der meine Mutter mit ihrem Verlobten ging, lernte sie dessen Cousin Alfred Wolff kennen. Der Rest ist bekannt. Eine Verlobung wurde gelöst und die nächste geschlossen. Das ist der Grund, weshalb es mich gibt.

Für mich war es immer schwer zu verstehen, was meine Eltern aneinander gefunden haben. In meinen Augen passten sie überhaupt nicht zueinander. Es gab diesen großen

Das einzig erhaltene Foto, auf dem die Eltern zusammen zu sehen sind: Charlotte und Alfred Wolff, vermutlich in Amsterdam, um 1935

Altersunterschied zwischen den beiden, und überhaupt nicht die gleichen Interessen. Mein Vater kam aus Hannover und war sehr orthodox, während meine Mutter, eine Berlinerin, nichts für Religion übrig hatte.

Nachdem die Ehe meiner Eltern vorbei war, hat meine Mutter nie wieder etwas mit dem Judentum zu tun haben wollen. Als meine Schwester ultraorthodox wurde, war das sehr schwer für unsere Mutter, es gab soviel zu beachten, das besondere Geschirr für die verschiedenen Speisen und die unterschiedlichen Feiertage und das ganze Verhalten. Als ich später Rabbiner werden wollte, hatte sie Angst, dass ihr das noch ein zweites Mal passieren würde, jetzt mit dem ältesten Sohn.

Gesundheit

Weil ich doch noch studieren wollte, besuchte ich nach dem Tod meines Vaters die *London School of Economics* mit dem Schwerpunkt Internationale Beziehungen und Wirtschaft. Doch im ersten Jahr wurde ich sehr krank. Ich war arbeitsunfähig, habe hauptsächlich gelegen und niemand wusste, was mit mir los war. Erst nach drei Jahren empfahl eine Bekannte meiner Mutter einen Homöopathen in Genf. Er hieß Pierre Schmidt und fand schließlich heraus, dass meine Leber und die Nieren nicht richtig funktionierten. Er hat mir als erstes Fleisch und Wurst verboten, was mir sehr gut getan hat. In dem Moment, wo ich aufgehört habe, Fleisch zu essen, waren die Nierenbeschwerden vorbei. Das war für mich wie eine Befreiung. Bis heute esse ich niemals Fleisch, aber Fisch durchaus.

Weil ich auch eine starke Allergie gegen Milchprodukte habe, begann ich mich für Naturheilkunde zu interessieren, und das blieb Zeit meines Lebens wichtig für mich.

In den 60er Jahren habe ich Yoga für mich entdeckt und sitze jeden Tag etwa 15 Minuten im Lotussitz, aber im richtigen! Manche Yogalehrer sitzen einfach mit gekreuzten Beinen da, aber Lotussitz bedeutet, dass der rechte Fuß auf dem linken Oberschenkel liegt und umgekehrt. Ich finde es wohltuend und entspannend und glaube, es hält meine Gelenke beweglich.

Wenn ich spät abends nach Hause komme und mich noch sehr lebhaft fühle, dann setze ich mich kurz in den Lotussitz, das beruhigt mich. Dann schlafe ich auch schnell ein.

Fahrvergnügen

Das erste Auto, das ich besaß, war ein kleiner Austin von 1932. Es war ein alter Klapperkasten, aber es war meiner und ich war sehr stolz darauf. Die Bremsen funktionierten kaum noch. Einmal, als ich vor dem Haus meiner Mutter den Wagen abstellen wollte, hat die Bremse ihren Dienst versagt und ich musste die Räder gegen den Bürgersteig drehen, damit der Wagen nicht den Hügel hinunterrollt. Aber für mich war das alles in bester Ordnung.

Ich habe zu dieser Zeit als Reporter in einer Stadt 30 Kilometer außerhalb von London gearbeitet, in Slough dicht bei Windsor. Es war meine erste Stelle bei einer Zeitung. Damals gab es noch keine Journalistenschulen und man stieg in den Beruf ein, indem man zu einer Provinzzeitung ging und das Handwerk von der Pike auf lernte. Wenn man sich geschickt

William Wolff und sein Honda, Henley-on-Thames, 2015

anstellte, konnte man sich hocharbeiten und landete irgendwann bei einer großen Londoner Tageszeitung.

Slough war damals ein Jahr lang Versuchskaninchen für Sicherheitsmaßnahmen im Straßenverkehr. Das war ein anerkanntes Experiment, und jeden Dienstag- oder Mittwochvormittag um 11 Uhr gab es im Rathaus eine Sitzung mit dem Polizeipräsidenten und anderen Verkehrsbeamten. Ich wurde hingeschickt, um einen Bericht für den „Slough Observer" zu schreiben. Als ich am Rathaus ankam, hielt direkt hinter mir der Polizeipräsident. Beim Hineingehen sagte er zu mir: „Also Wolff, das Erste, was wir tun müssen, um Slough sicherer zu machen, ist dafür zu sorgen, dass Ihr Wagen von der Straße kommt." Den Wink hab ich verstanden; der Austin musste weg. So besorgte ich mir einen neuen Wagen, einen etwas neueren Wagen.

Ich kann mir ein Leben ohne Autofahren nicht vorstellen. Dort wo ich wohne, in meinem kleinen Dorf, bin ich darauf angewiesen. Vor etwas mehr als zehn Jahren wurde mir mein Führerschein für sechs Monate weggenommen, weil ich zu viele Punkte hatte. Es war schwer, aber ich habe nicht gemogelt. Ich habe den Wagen sechs Monate nicht angefasst. In meinem Dorf fuhr kein Bus mehr. Ich musste jeden Morgen eine halbe Stunde zu Fuß ins Nachbardorf laufen, von dort ging ein Bus kurz nach sieben, der mich in die nächste Stadt mitgenommen hat, und von dort bin ich mit der Bahn weitergefahren. Ich weiß noch: Das Fahrverbot galt bis zum 29. Oktober, zufällig der Geburtstag meiner Schwester Ruth. Mitternacht habe ich eine kurze Runde gedreht, nur um zu feiern, dass ich wieder Autofahren kann. Und ich habe mir gesagt: Das darf nie wieder passieren!

Mein Bruder

Mein Zwilling und ich waren nicht identisch. Ich weiß nicht, ob wir uns ähnlich sahen, die einen fanden: ja, aber mindestens genauso viele sagten: nein. Die beste Antwort, die ich jemals dazu bekommen habe, war: „Wenn ich deinen Bruder auf der Straße gesehen hätte, ohne zu wissen, wer er ist, hätte ich mich gefragt, an wen er mich erinnert."

Im Gegensatz zu mir, der keine Begabung für Mathematik hatte, konnte mein Bruder beides sehr gut: Sprachen und Naturwissenschaften. Schon auf der Schule haben sich die Lehrer um ihn gestritten. Die einen wollten, dass er in die Wissenschaftsklasse ging und die anderen, dass er weiter Latein lernt. Am Ende durfte er beide Klassen besuchen, was eine große Ausnahme war.

Nach der Schule hat Jo ein Chemiestudium angefangen, aber ein Jahr später beschlossen, dass er lieber Germanist werden will. Er hat an der Universität Birmingham studiert und „summa cum laude" abgeschlossen. Wenn man damals „mit Auszeichnung" bestand, konnte man sich darauf verlassen, einen akademischen Lehrposten zu bekommen.

Neue Stellen wurde immer in der „Times" annonciert, und da ich als Journalist die Zeitungen las, habe ich nach einem Posten für ihn Ausschau gehalten. Die erste Anzeige, die ich fand, war in Southampton im Süden von England. Aber als mein Bruder zum Vorstellungsgespräch fuhr, war die Stelle schon vergeben. Die nächste Ausschreibung für einen Germanisten war in Perth, an der Universität von West Australien. Jo hat seine Unterlagen hingeschickt und postwendend ein Angebot als Dozent erhalten. Es gab keine Rückfragen, kein Gespräch, nichts. Es war eine unbefristete Stelle auf

Lebenszeit und mein Bruder hat sie angenommen. So war das damals.

Das akademische Jahr in Australien begann im März. Da Flüge von Europa nach Australien unbezahlbar waren, nahm mein Bruder im Februar 1956 ein Schiff. Es war eine Weltreise, die sechs Wochen dauerte. Wegen des Konflikts um den Suezkanal führte die Route um die Südspitze Afrikas.

Macmillan

Der ägyptische Präsident Abdel Gamar Nassar hat den Suezkanal, der zuvor einer britisch-französischen Gesellschaft gehörte, 1956 zu ägyptischem Staatseigentum erklärt und die Durchfahrt gesperrt. Engländer und Franzosen versuchten mit israelischer Unterstützung, den Suezkanal zurückzuerobern, was ihnen aber nicht gelang. Es war das erste Mal, dass England und Frankreich in ihren früheren Einflussgebieten gescheitert sind. Für die beiden früheren Kolonialmächte war es eine Demütigung ersten Ranges, ein Wendepunkt in der Weltpolitik, der bewies, dass beide Staaten keine Großmächte mehr waren.

Für mich war die Suezkrise eines der beeindruckendsten Erlebnisse aus meiner frühen Zeit als Journalist. Der damalige englische Ministerpräsident Anthony Eden versuchte vergebens, sich im Konflikt zu behaupten. Ich erinnere mich, dass der konservative Abgeordnete Robert Boothby – obwohl er zu diesem Zeitpunkt nur ein Hinterbänkler war – die entscheidenden Debatten über die Suezkrise im Unterhaus bestimmt hat. Boothby war ausgesprochen charismatisch und konnte scharfsinnig argumentieren. Als Anthony Eden schließlich gestürzt und Harold Macmillian neuer Ministerpräsident wurde, konnte man erwarten, dass Boothby einen

Ministerposten bekommen würde. Aber stattdessen erhob Macmillan den Abgeordneten Boothby in den Adelsstand, er wurde Baron Boothby. Das war eine schöne Geste, aber im englischen Parlamentssystem bedeutete es auch das Ende der politischen Karriere. Ein Lord gehörte automatisch ins Oberhaus, und wer im Oberhaus saß, konnte keine entscheidende politische Figur mehr sein.

Für mich war es unbegreiflich, warum erstens Macmillan seinen Parteikollegen in den Adelsstand erhoben und zweitens, weshalb Boothby diesen Titel angenommen hatte. Boothby hätte doch ablehnen können. Er hatte seinen Wahlkreis in Aberdeen, Schottland, und wäre wieder gewählt worden.

Erst später habe ich den Hintergrund begriffen. Harold Macmillan war eine große Persönlichkeit, bedeutender, als es ihm heute zugeschrieben wird. Er stammte aus einer sehr begüterten schottischen Familie und war verheiratet mit einer Tochter des Herzogs von Devonshire, Lady Dorothy. Aber schon bald nach der Hochzeit hatte seine Frau ein Verhältnis mit einem anderen konservativen Politiker begonnen, jenem Robert Boothby. Die Affäre dauerte viele Jahre und auch eines der Kinder aus der Ehe soll nicht von Macmillan, sondern von Boothby gewesen sein. Damit musste Macmillan fertigwerden, und als er im Januar 1957 Ministerpräsident wurde, hat er es auf seine Weise gelöst. Für Macmillan muss es eine ungeheure Genugtuung gewesen sein, dem Mann, der ihm einst Hörner aufsetzte, eine Lordkrone zu verleihen, womit er seinen Rivalen zwar nach außen geehrt, aber als Politiker impotent gemacht hat.

Little Paddock

Obwohl ich mir mein Leben immer in einer Großstadt vorstellte, wollte ich doch ein Zuhause auf dem Land. Ich dachte an Süd-Buckinghamshire oder die Kleinstadt Marlow an der Themse. Als ich aber anfing mich umzuschauen, wurde mir klar, dass ich mir dort nichts leisten konnte. So habe ich meine Suche weiter in den Westen verlegt und kam in die kleine Stadt Henley. Dort bin ich zum Makler gegangen, und der sprach unter anderem von vier Bungalows, die in einem Dorf gebaut werden sollten.

Ich hatte noch nie von dem Dorf gehört und dachte mir: „Na, guck dir doch mal an, wie es dort aussieht." Ich bin hingefahren und war etwas erstaunt, dass sie auf dem kleinen Gelände vier Häuser unterbringen wollten. In meinen Augen war dort höchstens Platz für eins. Aber dann habe ich mir gesagt, wenn ich das letzte Häuschen haben könnte, mit Aussicht über Wiesen und Felder, würde mir das gefallen. Es klingt heute lächerlich, aber ich bin zurück zum Makler gefahren, habe 25 Pfund auf den Tisch gelegt und mir das Haus reserviert. Für 25 Pfund! Damals war das natürlich mehr wert. Ein Jahr später bin ich eingezogen.

Vor dem Haus war ein kleiner Garten und hinten ein großer, aber weil ich Gartenarbeit nicht besonders liebe, habe ich sofort entschieden: Es bleibt alles Rasen. Das war auch sehr praktisch, denn ich hatte oft Freunde zu Besuch, und da wir alle noch jünger waren, hatten sie ihre kleinen Kinder dabei und die konnten auf der Wiese herumlaufen, wie sie wollten. Das hat alles sehr gut gepasst.

Die Britische Post hat darauf bestanden, dass mein Häuschen einen Namen bekommt, ich konnte Vorschläge einreichen. Aber die Angelegenheit zog sich länger hin, weil es in die-

Schwester Ruth mit ihrer Tochter Rahel und Willy
in England, Ende der 1950er Jahre

sem oder jenem Dorf immer schon ein Haus mit dem gleichen Namen gab. Schließlich gestatteten sie mir den Namen „Little Paddock", was „Kleine Koppel" bedeutet.

Meine Schwester Ruth, die ja die Ältere war, wollte immer wissen, was im Leben ihrer jüngeren Brüder vor sich geht, und so hat sie sich auch für mein neues Zuhause interessiert. Als ich es ihr zeigte, war sie mäßig begeistert. Sie konnte nicht verstehen, was ich auf dem Land wollte.

Meine Schwester

Ich bin noch immer gerührt über das letzte Gespräch, das ich mit meiner Schwester geführt habe. Es war kurz vor Weihnachten 1964, sie war mit ihrem Mann und Freunden für eine Hochzeit nach London gekommen. Bevor sie zurück nach Norden fuhr, wollte sie kurz bei meiner Mutter vorbeischauen. Ich war am Abend unterwegs gewesen und traf erst nach Mitternacht an unserem Elternhaus ein. In dem Moment stieg meine Schwester gerade ins Auto ein, um zurückzufahren.

Ruth und ich hatten schon vereinbart, dass ich sie in ein paar Wochen besuchen kommen würde, was ich regelmäßig ein- oder zweimal im Jahr tat. Der Zug würde erst abends nach elf in Newcastle ankommen, und so sagte Ruth, was nur eine größere Schwester sagen würde: „Ich werde auf dich warten, aber sollte ich zu müde sein, werde ich mich hinlegen. Die Haustür schließe ich nicht ab, du weißt, in welchem Zimmer du schläfst, und ich werde eine Wärmflasche in dein Bett legen."

Wahrscheinlich weiß jeder, der mit Geschwistern aufgewachsen ist, wie fürsorglich eine große Schwester sein kann. Aber wenn diese große Schwester schon 40 ist und ihrem 38-jährigen Bruder sagt, dass sie ihm eine Wärmflasche in sein Bett legen wird, bedeutet es wohl, dass die Beziehung zwischen den beiden eine besonders gute gewesen sein muss.

Es war das Letzte, was meine Schwester zu mir gesagt hat. Zwei Stunden später lag sie tot auf der Landstraße. Es waren sechs Leute im Wagen. Fünf von ihnen ist nichts geschehen, aber Ruth war tot.

Mein Schwager hat um acht Uhr früh angerufen und verlangt, mit mir zu sprechen. Meine Mutter hat sofort gefragt: „Was ist mit Ruthchen?", und ich habe es ihr sagen müssen. Das war schlimm.

Einige Monate später gab es eine öffentliche Gerichtsverhandlung, aber keiner, der im Wagen gesessen hat, sagte, wer das Auto gefahren hat. Sie haben alle gelogen, weil der Fahrer keinen gültigen Führerschein besaß. Das erfuhr ich alles erst viel später. Zu der Zeit war mir sehr wichtig, dass der Kontakt zwischen den Kindern meiner Schwester und ihrer Großmutter bestehen blieb.

David Owen

Vor Politikern hatte ich immer großen Respekt, aber ich war auch nicht überbeeindruckt von ihnen. Gewissermaßen begegnete man sich auf derselben Ebene. Die Politiker waren sich bewusst, dass sie Presse nötig hatten, und wir Journalisten waren auf Informationen angewiesen. Es war ein Verhältnis, das auf Gegenseitigkeit beruhte.

Der „Daily Mirror", für den ich als Berichterstatter arbeitete, hatte Mitte der 60er Jahre eine Sonntagszeitung im Südwesten Englands gekauft. Einer von unseren Redakteuren wurde nach Plymouth geschickt, um die Chefredaktion zu übernehmen. Die Zeitung war ungeheuer vernachlässigt worden und hatte keinen politischen Korrespondenten. So bat mich mein Kollege, der nun die Zeitung verantwortete, jeden Sonntag etwas Politisches zu schreiben, es sollte aber von Interesse für den Südwesten sein. Dort kannte ich mich nicht besonders gut aus, doch weil es kurz nach der Wahl im Frühjahr 1966 war und viele neue Abgeordnete ins Unterhaus kamen, dachte ich mir: „Vielleicht kann ich mit den Neuen Interviews führen. Ich schaue, wer aus dem Südwesten kommt, und habe Material für ein paar Wochen!"

So fing ich an, die neuen Abgeordneten zu interviewen, und einer von ihnen war ein junger Arzt aus Plymouth, ein Psychiater namens David Owen. Wie es die menschliche Chemie wollte, haben wir uns gut verstanden. Er war ein sehr intelligenter Mensch, weltoffen und interessiert. Darum ist er Politiker geworden, und weil er so fähig war, bald auch Minister.

Wir haben oft zusammen Mittag gegessen und einmal fragte er mich: „Kannst du mir mal einen Rat geben? Am Wochenende kommt eine Bekannte aus New York zu Besuch. Wohin führe ich sie aus? In welches Theater? Was lohnt sich, ihr zu

Willy Wolff als Journalist in London, um 1972

zeigen?" Ich habe ihm gesagt, was man sich meiner Meinung nach anschauen sollte, und ich denke, so schlecht sind meine Ratschläge nicht gewesen. Nach ein paar Monaten waren sie miteinander verlobt und dann auch verheiratet. Das erste oder zweite Wochenende nach ihrer Hochzeit waren sie bei mir zum Essen. Das war noch lange, bevor er Minister wurde. Aber so entstand unsere Freundschaft.

Ende der 70er Jahre wurde David Owen Außenminister, noch etwas später verließ er die Labour Partei und gründete mit drei anderen eine neue, die sozialdemokratische Partei. Aber selbst als Anführer der Linken konnte ich ihn zu Hause anrufen und fragen, was ich wissen wollte. Das war sehr wertvoll für mich.

David Owen wurde beinahe automatisch, als ehemaliges Kabinettsmitglied, zum Lord erklärt. So ist es üblich in England. Er heißt jetzt „Baron Owen of the City of Plymouth". Aber wenn ich mit ihm spreche, nenne ich ihn immer noch „David", und er sagt „Willy" zu mir.

Deutschland

35 Jahre hat es gedauert, bis ich wieder einen Fuß auf deutschen Boden setzte. Es geschah für mich überraschend auf einer Reise mit dem englischen Außenminister Michael Stewart. Er war sehr kompetent, hatte aber gar kein Charisma und ist heute völlig vergessen. Ich war inzwischen beim „Daily Mirror" für Außenpolitik verantwortlich und begleitete Stewart 1968 zu Gesprächen nach Moskau. Auf dem Rückweg nach London legte Stewart überraschend einen Zwischenstopp ein, um Willy Brandt in Bonn zu treffen. Brandt war damals noch nicht Bundeskanzler, sondern Außenminister und hätte in den Wochen zuvor nach London kommen

Willy Wolff (links) während einer Sendung für das deutschsprachige Programm der BBC im Goethe-Institut London, Januar 1973

sollen. Aus irgendeinem Grund hatte der Besuch nicht stattfinden können.

So ist der englische Außenminister in Köln gelandet, und da ich zur englischen Delegation gehörte und im selben Flugzeug saß, war es mein erster Besuch in Deutschland seit unserer Auswanderung 1933. Das war für mich ein bewegender Augenblick, aber es hatte auch eine ironische Note: Diesen kurzen Aufenthalt in Deutschland habe ich nur auf englischem Boden verbracht, denn während Michael Stewart sich mit Willy Brandt traf, warteten wir Korrespondenten in der Britischen Botschaft, und die gilt offiziell als englisches Territorium.

Willy Brandt habe ich häufiger erlebt. Als Außenminister reiste er oft nach London, und wir Korrespondenten, die für auswärtige Angelegenheiten zuständig waren, wurden immer eingeladen, wenn er kam. Ich war auch Mitbegründer eines Journalistenverbandes, der jeden Monat ein Mittagessen in einen der großen Hotels von London, im Dorchester, organisierte, und dazu luden wir uns jedes Mal einen Gast ein, der nach dem Essen eine Ansprache hielt und unsere Fragen beantwortete. Der Deutschen Botschaft war sehr daran gelegen, dass Willy Brandt bei einem seiner Londoner Besuche auch zu uns kam, und das wurde eine aufregende Angelegenheit, allein die Tischordnung für die illustren Gäste, die untereinander gewisse Befindlichkeiten pflegten, war eine Herausforderung.

Ich bin nur ein gemäßigter Bewunderer von Willy Brandt. Mit seiner Ostpolitik hat er etwas Großes geschaffen, er ist zweifelsohne eine der bedeutenden Figuren der deutschen Nachkriegsgeschichte. Aber dass er mir besonders sympathisch war, kann ich nicht behaupten. Ich habe zu ihm persönlich nie eine Bindung gehabt. Willy Brandt hat sich nicht für Männer interessiert, aber für jede Frau, die zu sehen war. Er ist jeder Frau nachgerannt in einem Maße, das sich meines Erachtens für einen prominenten deutschen Minister nicht gehörte.

Good Old Harold

Die Zeitung, für die ich gearbeitet habe, der „Daily Mirror", hatte damals eine Auflage von mehr als fünf Millionen. Heute hat sie sehr viel weniger. Es war keine „Frankfurter Allgemeine", es war eher die englische „Bild Zeitung", aber sie war weit linksorientierter. Der Chef war ein journalistisches Genie und der Einfluss der Zeitung war enorm.

Als politischer Korrespondent war ich dem Ministerpräsidenten zugewiesen und bin mit ihm herumgereist, in England oder auch im Ausland. Während des Wahlkampfes 1970 ist der damalige Ministerpräsident Harold Wilson, ein sehr netter und fähiger Mensch, einen Freitagabend durch die Kleinstädte nördlich von London getourt. Ich habe gedacht, das könnte sich lohnen, vielleicht kann ich einen Bericht für die Sonntagszeitung machen, den „Sunday Mirror". So bin ich den Freitagabend mit ihm mit.

Wilson ist von Stadthalle zu Stadthalle und hat dort seine Reden gehalten, immer dieselbe natürlich. Er war völlig – und das ist heute unvorstellbar – ohne jegliche Begleitung. Weder ein Chauffeur noch Polizeischutz noch ein Mitarbeiter von seinem eigenen Büro, es war niemand mit ihm. Nur er und ich. Wir kannten uns gut und haben uns auch bestens verstanden.

Immer wenn wir aus einem Gebäude herauskamen, standen davor und überall darum seine Anhänger und haben ihm auf

Sunday Mirror

It's not only the eggs . .

WILSON AND MARY FACE MOB PERIL

By WILLIAM WOLFF

PREMIER HAROLD WILSON and his wife Mary MUST now be given adequate protection from the crowds on their Election tour.

Banners

ELECTION SPECIAL

Iain Macleod writes for the Tories: Pages 12 and 13

Next week—Labour's case by Chancellor Roy Jenkins

THAT GIRL DIANA

Larger than life—and still the greatest

CENTRE PAGES

THAT MAN PELE

Frank McGhee talks to Brazil's king of Soccer

PAGE 34

Ausgabe des „Sunday Mirror" vom 7. Juni 1970 mit dem Leitartikel von William Wolff über die Wahlkampftour des britischen Premierministers Harold Wilson

die Schulter geklopft und gerufen: „Good old Harold! Good old Harold!“. Dabei wurde er buchstäblich verkloppt von Leuten, die es gut mit ihm gemeint haben, aber sie haben ihn fast erschlagen! Unsere Wagen standen 100, 150 Meter weiter weg. Wilson hat sich zu mir gedreht und gesagt: „Willy, jetzt müssen wir rennen!“, und dann sind wir gerannt. Es war einfach niemand da, der diesen Mann, den Ministerpräsidenten, beschützte, und das ging den ganzen Abend so.

Ich kam spät nach Hause und war so empört, dass ich mich hingesetzt habe und einen Bericht an meinen Chefredakteur schrieb: „Das kann nicht so weitergehen, da muss was geschehen.“ Als ich am nächsten Tag zur Arbeit kam, hat keiner ein Wort darüber verloren. Niemand hat gesagt: „Danke, dass du das mitteilst, wir werden noch einen Reporter ansetzen und dies und das machen …“ Kein Wort.

Am Abend nahm ich, wie immer, die erste Ausgabe der Sonntagszeitung mit und habe mich zu Hause hingesetzt und sie durchgeblättert: Seite drei, vier, fünf, sechs – kein Bericht von mir, nichts. Naja, habe ich mir gedacht, du hast deine Pflicht getan. Gucken wir mal schnell, was auf der ersten Seite steht. Was sind die Schlagzeilen? Womit wollen sie die Zeitung heute verkaufen?

Auf Seite eins gab es nur ein Thema: Der Ministerpräsident, der ohne Sicherheit unterwegs war und verkloppt wurde! Das war die Sonntagsausgabe. Am Montagvormittag, um elf, halb zwölf, rief das Privatbüro vom Ministerpräsidenten an, bedankte sich und sagte: „Um neun Uhr früh ist Scotland Yard in der Downing Street gewesen, um zu besprechen, was für einen Schutz der Ministerpräsident bekommt.“

Das war die Macht der Zeitung. Wenn sie so eine große Auflage hatte – und sie hatte die größte in England –, war sie auch von politischer Bedeutung. Im Grunde hat es mir viel Spaß gemacht, dort zu arbeiten. Es hatte durchaus seine spannenden Momente.

Dann kam ein neuer Chefredakteur, Michael Christiansen, der mehr Skandal wollte. Ihm war bald klar, dass ich nicht der Richtige dafür war, und ich wusste es auch. Er hat mich abgesetzt und mir den Titel als „Europäischer Redakteur" gegeben, was damals nicht viel bedeutete. Die Europäische Gemeinschaft war noch nicht entscheidend und England gerade erst Mitglied geworden. Jetzt, im Rückblick, denke ich, man hätte etwas aus der Position machen können. Aber damals hat es mich nicht interessiert.

So bin ich nach zwölf Jahren vom „Daily Mirror" weg. Sie waren sehr großzügig und haben mir das Gehalt ein Jahr lang weitergezahlt. Ich wurde freier Journalist und schrieb für die Londoner Abendzeitung „Evening News".

Rothemere

Einer der großen Diplomaten der Nachkriegszeit war der Deutsche Karl-Günther von Hase. Er war sieben Jahre Botschafter in London, eine außergewöhnlich lange Zeit, normalerweise bleiben Diplomaten nicht länger als vier oder fünf Jahre. Er war ungeheuer beliebt und sehr wertvoll in der Zeit, als England der Europäischen Gemeinschaft beitreten wollte und es viele Widerstände dagegen gab. Es wäre angemessen gewesen, Karl-Günther von Hase als nächste Station Washington oder Paris anzuvertrauen, aber beide Posten waren schon besetzt. So hat man ihm angeboten, Botschafter bei der NATO in Brüssel zu werden, aber das hat er abgelehnt. Er ist schließlich Intendant des Zweiten Deutschen Fernsehens ZDF geworden und blieb es bis zu seiner Pensionierung.

1977, als er London verließ, habe ich für die „Evening News" einen Leitartikel über ihn verfasst und darin beschrieben, welch großen Eindruck er in London hinterlassen hat. Nachdem der Artikel erschienen war, sagte der Chefredakteur zu mir: „Lord Rothermere möchte Sie sprechen". Rothermere war der Inhaber der Zeitung. Ich dachte mir: „Das wird interessant", und habe mir einen Termin geben lassen. Als ich zu Rothermere kam, sagte er streng: „Setzen Sie sich, Herr Wolff. Bitte erklären Sie mir, wie es dazu kam, dass Sie diesen Artikel über den Botschafter geschrieben haben. Wie können Sie behaupten, dass jeder, der in London eine Rolle spielt, bei ihm zu Gast war? Ich bin dort niemals eingeladen worden!"

Das ging etwa zehn Minuten so, dann hat sich sein Ton völlig verändert und er fragte sehr interessiert, was in der Politik los sei, und wollte wissen, was von diesem und jenem zu halten wäre. Ich kann mich erinnern, dass ich ihm sagte, der junge Staatsminister David Owen würde es einmal weit bringen – und tatsächlich wurde er zwei Jahre später britischer Außenminister. Wir unterhielten uns lebhaft, als seine Sekretärin hereinkam und sagte: „Mylord, Herr so und so wartet schon seit zwanzig Minuten!", und so sagte Lord Rothermere entschuldigend zu mir, ich solle mich bei ihm melden, wenn es wieder etwas Interessantes zu berichten gäbe.

Erst später habe ich erfahren, dass seine Frau, Lady Rothermere, die als Schauspielerin eine größere Rolle in der Londoner Gesellschaft spielte, mit der US-amerikanischen Botschafterin Anne Armstrong befreundet war. Lady Rothermere war empört darüber, dass ihre Freundin, deren Amtszeit zeitgleich endete, keine Erwähnung in der Zeitung fand,

Das vegetarische Restaurant „The Whole Meal"
in der Upper Street 297 im Londoner Stadtteil Islington, 1971 –
das Schaufenster hatte eine begeisterte Kundin bemalt

aber dafür dieser deutsche Botschafter, von dem sie nie eingeladen worden war. So hatte Lord Rothermere mich im Auftrag seiner Frau gerügt, seine Pflicht war erfüllt und wir hatten ein schönes Gespräch.

The Whole Meal

Ich habe mal sehr gerne gekocht und sonntags oft acht bis zwölf Leute zum Essen eingeladen. Heute ist mein früheres Esszimmer voll mit Büchern, ich kann mir nicht mehr vorstellen, wie ich dort so viele Menschen bewirten konnte.

Eines Tages sagte mir eine Bekannte aus der Anzeigenabteilung, Patricia, mit der ich öfter Mittagessen ging, dass sie gern ein vegetarisches Restaurant eröffnen würde. Ich habe spontan gesagt: „Da mache ich mit!", habe es aber gleich wieder vergessen. Monate später, es muss Anfang 1971 gewesen sein, kam Patricia zu mir und sagte: „Ich hab`s gefunden!" Ich hatte keine Ahnung, wovon sie sprach, aber sie meinte die Räumlichkeit für das Restaurant. Da hatte ich nicht mehr den Mut zu sagen, dass ich mir die Sache vielleicht noch einmal überlegen müsste.

Die Räume waren in der Upper Street in Islington, im Norden von London. Der Stadtteil war jahrzehntelang heruntergekommen, später aber ganz angesagt. Das Restaurant nannten wir „The Whole Meal", was im Englischen eine doppelte Bedeutung hat: Einmal heißt es „ein Essen aus Vollkorn" – es war schließlich ein vegetarisches Restaurant – zum anderen bedeutet es auch „eine vollständige Mahlzeit".

Das Restaurant war jeden Tag geöffnet und von Anfang an ein großer Erfolg. Am Sonntag haben die Leute Schlange gestanden. Dann veröffentlichte das Stadtmagazin „Time

Out“ eine begeisterte Kritik und bezeichnete das „Whole Meal“ als eines der besten vegetarischen Restaurants der Stadt. Wir konnten den Ansturm kaum noch bewältigen. Am Wochenende habe ich dort auch selbst gekocht, in der Woche hatte ich meine volle Stelle bei der Zeitung. Nach einigen Monaten hab ich mir gesagt: „Das kannst Du nicht alles schaffen. Willst du nun Journalist sein oder Restaurantinhaber?“

Mir war völlig klar, dass ich im Journalismus bleiben wollte. So habe ich Patricia das Restaurant überlassen. Große Managementfähigkeiten hatte sie nicht und innerhalb von Monaten summierten sich die Schulden. Dann mussten wir den Laden schließen und ich hab die Schulden bezahlt. Das war es dann mit dem Restaurant, keine sehr ruhmreiche Geschichte.

Aber mit Patricia bin ich noch heute befreundet. Ihre Tochter, die damals noch gar nicht geboren war, ist mein Patenkind.

Familie

Wenn es etwas gibt in meinem Leben, das ich bedaure, dann ist es der Umstand, dass ich nie geheiratet und nie eine Familie gegründet habe. Es ist mir im Grunde unbegreiflich, dass ich so alt bin und keine Kinder und Enkelkinder habe.

Eines der ersten Gebote in der Bibel lautet: „Seid fruchtbar und mehret euch!“ Wenn man das liest, könnte man meinen, das sei ein Segen oder ein Wunsch Gottes, aber das Judentum betrachtet es als einen Befehl. Daher sollen Rabbiner auch heiraten, um dieses Gebot zu erfüllen. Wenn sie orthodox sind, haben sie meistens auch viele Kinder. Da muss ich gestehen: Das ist ein großes Versäumnis in meinem Leben.

Es ist schwer, eine Erklärung zu geben. Möglicherweise hat es damit zu tun, dass die Familie, aus der ich stamme, eine sehr unglückliche war. Ich hatte nie die Vorstellung, dass eine Ehe – und damals gab es vor allem Ehen und keine Beziehungen – zu einem glücklichen Leben führen könnte.

Es gibt vielleicht auch profane Gründe: Als ich mit Anfang, Mitte 20 drei Jahre lang sehr krank war, sind wichtige Jahre vorbeigegangen, in denen die meisten Menschen meines Alters ihre Lebenspartner fanden. In der Zeit war ich völlig aus dem Leben verschwunden.

Dann kam die Arbeit bei den Tageszeitungen und das bedeutete, dass ich abends gearbeitet habe, manchmal bis Mitternacht, manchmal bis ein Uhr früh. Das hat mir nichts ausgemacht, aber es bedeutete eben auch, dass ich an den Abendveranstaltungen und Partys nicht teilnehmen konnte, weil ich immer gearbeitet habe. Eine Arbeit, die mir sehr viel Spaß machte und mich interessiert hat. Aber der Preis dafür war, dass ich wenig gesellschaftliches Leben hatte. Im Rückblick war das doch wichtiger, als ich mir damals vorgestellt habe. Ein- oder zweimal ging auch etwas schief, und so blieb ich dann allein.

Ich bin aber niemand, der sich dadurch zu sehr bedrücken ließe. Ich versuche, mein Leben so weit wie möglich zu genießen und zu sehen, dass es Spaß macht. Wenn irgendetwas im Leben keinen Spaß mehr machte, habe ich immer dafür gesorgt, dass ich gewechselt habe zu etwas, das mir Freude bereitet.

Willy Wolff im Flur seines Hauses „Little Paddock“, 2015

Der Wunsch, Rabbiner zu werden

Ich hatte viele Jahre wenig Kontakt mit dem religiösen Judentum, aber ich blieb doch immer ein bewusster Jude. Und der Wunsch, Rabbiner zu werden, kehrte immer wieder zu mir zurück. Eines Morgens, da war ich schon über 50, bin ich aufgewacht und sagte mir: „Also, jetzt oder niemals!" Ich war mir ganz sicher, dass ich die Rabbiner-Ausbildung noch machen möchte. Ich hatte inzwischen das liberale Judentum kennengelernt, das ich vorher nie erlebt hatte, und es gefiel mir gut. So dachte ich mir: „Vielleicht kannst du dort noch einen Beitrag leisten."

Zu der Zeit hatte mich der Chef der liberalen Bewegung in England gebeten, sein Monatsblatt zu gestalten, das bis dahin etwas langweilig war. Bei einer Gelegenheit fragte ich ihn, ob es möglich wäre, das liberale Rabbinerseminar in London zu besuchen. Der Zufall wollte es, dass sich das Gremium, das über die Zulassung zum Studium entschied, zwei Tage später traf. Zu dieser Sitzung nahm er mich mit und zu meinem großen Erstaunen wurde ich zum Studium zugelassen. Das Rabbinerseminar sollte im Oktober 1979 am Leo Baeck College in London beginnen.

Meine Mutter war entsetzt, als ich ihr erzählte, dass ich Rabbiner werden will. Sie war auch die Letzte, der ich es erzählt habe. Wie jeden Sommer war sie in Deutschland zur Kur. Irgendwann habe ich mir gesagt: „Alle Welt weiß, dass du ab Herbst das Rabbinerseminar besuchst, nur deine Mutter nicht. Vielleicht ist es Zeit, ihr das mitzuteilen." So habe ich ihr einen Brief geschrieben. Als wir uns wieder sahen, meinte sie nur: „Das war ja eine Überraschung". Dabei blieb es. Sie war nicht sehr entzückt davon.

Monate später, zu ihrem Geburtstag, saßen zwölf Gäste am Tisch. Ich weiß noch, dass beim Mittagessen eine gute Bekannte meine Mutter fragte: „Hast du dich nicht gefreut, dass sich der Willy entschlossen hat, Rabbiner zu werden?" Und meine Mutter, die mit ungefähr 70 Jahren angefangen hat, sehr offen zu sagen, was sie dachte, ohne viel Rücksicht auf Konsequenzen, antwortete: „Nein, überhaupt nicht! Mir wäre lieber gewesen, er wäre Journalist geblieben!" Dann war eine entsetzte Stille im Zimmer; niemand rührte sich, keiner sagte etwas und ich habe nur gedacht: „Du musst schnell ein anderes Thema finden!"

Das Rabbinerseminar

Ich kam nicht völlig ahnungslos ins Seminar. Da ich aus orthodoxem Hause stamme, hatte ich ein gewisses Grundwissen. Die anderen Studenten waren zwanzig, dreißig Jahre jünger als ich, aber das hat mir nichts ausgemacht. Meines Erachtens stimmt es auch nicht, dass es schwerer ist, im Alter zu lernen, gewissermaßen war es sogar leichter. Ich wusste besser, wie man mit Grammatik umgeht, ich hatte ja früher schon andere Sprachen gelernt. Es war nicht schwerer, aber dennoch musste man arbeiten, und das hat seine Zeit gebraucht.

Im ersten Jahr haben wir die Grammatik des biblischen Hebräisch gelernt und nach dem Jahr wusste ich, dass ich es nicht richtig konnte. Im dritten Jahr dachte ich: „Du musst das wirklich lernen." So habe ich mir überlegt, dass ich mehr Disziplin benötige, und schrieb mich an der Londoner Universität für das Hebräisch-Examen ein. Das habe ich gut bestanden, aber weil ich fand, dass mein Hebräisch immer noch nicht ausreichend war, belegte ich den Fortgeschrittenenkurs. Dann wurde mir plötzlich bewusst: Das kriege ich allein nicht hin. So hab ich Privatunterricht bei einem Dozenten genommen. Aber immer, wenn er mir meine Arbeitsblätter zurückgab, war alles Rot unterstrichen. Da hab ich ihm gesagt: „Wenn das so weitergeht, Dr. Weitzman, werde ich das Examen nicht bestehen." Da hat er geantwortet: „Sie haben völlig recht, das werden Sie nicht bestehen!"

Dann habe ich angefangen, das Grammatikbuch von vorne bis hinten noch einmal durchzuarbeiten. Und dann hat es geklappt, nach viel Arbeit. Am Wochenende vor dem Examen habe ich zwar vor Aufregung nachts nicht geschlafen, aber dann sagte ich mir: „Du bist nicht mehr 18! Du musst dir nicht solche Sorgen machen!"

Das Examen war sehr schwierig, aber ich habe es geschafft. Ich konnte gut mit hebräischen Texten umgehen und kann es bis heute. Das macht die Vorbereitung von Gottesdiensten leichter.

Der Bibeltext wird in orthodoxen Synagogen in einem gewissen Gesang vorgetragen, möglicherweise vergleichbar mit dem gregorianischen Gesang in Kirchen. In vielen liberalen Synagogen wird das nicht so gemacht, aber mir ist es wichtig, diese Tradition auch im liberalen Judentum aufrechtzuerhalten. Erstens weil es in meinem Wesen steckt, so habe ich es von Kindheit an gehört, und zweitens denke ich, dass es nicht recht wäre, so eine Tradition zu verlieren.

Jeder Satz in der Tora hat seine eigenen Noten, und die muss man kennen. Es gibt kein Schema, das man lernt. Man muss sich den Gesang Satz für Satz erarbeiten. Als ich im Rabbinerstudium war, bin ich in eine kleine Gemeinde geschickt worden, um Gottesdienste abzuhalten. Da wurde mir klar, dass ich den Text richtig vortragen muss, und so habe ich mich nach einem Gesangslehrer umgehört. Wie ich ihn fand, weiß ich nicht mehr, aber er war ein ehemaliger Opernsänger und nannte sich Finelli. Als ich ihm vorsang, sagte er nüchtern: „Viel los ist nicht mit Ihrer Stimme, aber wir können versuchen, etwas daraus zu machen." So habe ich einige Jahre bei ihm Gesangsunterricht genommen. Eines Tages hat er zu mir gesagt: „Wissen Sie, Herr Wolff, was ich an Ihnen schätze? Dass Sie so konsequent sind. Sie machen jedes Mal dieselben Fehler!"

Thatcher

Mein Studium fiel in die Amtszeit von Margaret Thatcher. Sie war nur wenige Monate vor meiner Zulassung zum Rabbinerseminar, im Mai 1979, Ministerpräsidentin geworden. Ich war 52, als das Studium anfing, und sagte mir: „Du kannst nur studieren, wenn dein Einkommen auf demselben Niveau bleibt wie bisher." Deshalb arbeitete ich weiter als Journalist und schrieb eine politische Spalte für die schottische Sonntagszeitung „Sunday Mail". Ich ging am Donnerstagabend ins Parlament, um ein Gespür für die Themen zu bekommen, und am Freitagnachmittag in die Downing Street, wo wir Korrespondenten der Sonntagsblätter vom Hauptsprecher der Ministerpräsidentin Hintergrundinformationen bekamen.

Meines Erachtens war Thatcher nicht so großartig, wie ihre Anhänger immer sagen, aber sie hat auch nicht die Verachtung verdient, die ihr im Allgemeinen zugedacht wird. Meine persönliche Erinnerung an sie ist, dass sie sich immer angegriffen fühlte und sofort eine Verteidigungshaltung einnahm.

Einen Freitagnachmittag, es muss 1984 gewesen sein, kamen wir Korrespondenten der Sonntagszeitungen wie üblich in die Downing Street. An diesem Tag sagte der Sprecher: „Heute gehen wir hinauf zur Ministerpräsidentin." So kamen wir in kleiner Runde mit Frau Thatcher zusammen. Damals streikten die Bergarbeiter schon seit mehreren Monaten und die Situation erinnerte an den Streik zehn Jahre zuvor, als die Kohlevorräte aufgebraucht waren, der Strom rationiert wurde und Büros und Fabriken nur drei Tage die Woche öffnen konnten. Das hatte die Regierung von Edward Heath zum Sturz gebracht. Als Margaret Thatcher Jahre später Ministerpräsidentin wurde, war sie fest entschlossen, dass so etwas in ihrer Regierungszeit nicht geschehen würde. Sie hat massiv Kohle einlagern lassen, um im Falle eines Streiks vorbereitet zu sein. Als dann, wie erwartet, im März 1984 die Bergarbeiter erneut zu streiken begannen, unter anderem gegen die Schließung und Privatisierung der Zechen, hat sie kein Gespräch mit den Gewerkschaften gesucht und auch sonst nichts unternommen.

Da wir Thatcher in kleiner Runde fragen konnten, was wir wollten, habe ich wissen wollen, was in ihren Augen der Grund dafür sei, dass die Bergarbeiter schon so viele Monate durchhielten und streikten. Noch bevor ich die Frage zu Ende formuliert hatte, richtete sie ihren Zeigefinger auf mich und ich erhielt eine Lektion darüber, dass eine Regierung sich nicht erpressen lassen könne und keine Zugeständnisse machen dürfe. Ja, das hatte ich nicht gefragt, aber so war Frau Thatcher, sie fühlte sich immer angegriffen.

Die Bergarbeiter haben damals ein ganzes Jahr die Arbeit niedergelegt, dann waren die Streikkassen leer, die Arbeiter verstritten und viele bankrott. Es war eine große Niederlage für die englische Arbeiterbewegung, niemand hat sich danach mehr getraut zu streiken, alle wussten, dass die Regierung nicht klein beigeben würde. Die Macht der Gewerkschaften war von da an gebrochen. Man kann das positiv oder negativ betrachten, aber es war eine historische Leistung von Margaret Thatcher als Ministerpräsidentin.

Ihre andere große Leistung war ihr Sieg im Falklandkrieg. Der argentinische Diktator Galtieri hatte einfach seine Truppen auf die Inselgruppe vor Südamerika geschickt und sie beschlagnahmt. Es waren nicht genug englische Truppen da, um Widerstand zu leisten. Aber Thatcher hat gesagt: „Wir sind zwar keine Weltmacht mehr, aber so kann man mit meinem Land nicht umgehen. Wir erobern die Inseln zurück." Sie hat die englische Marine hingeschickt, das hat seine Zeit gedauert, aber als sie dort ankam, waren die Argentinier innerhalb von Tagen vertrieben. Um die Inseln hat es sich möglicherweise nicht gelohnt, aber Thatcher hat bewiesen: „Ihr könnt nicht mit uns machen, was ihr wollt!"

Was sie nie verstanden hat, bis ans Ende ihres Lebens nicht, war die Idee von Europa und wie wichtig Europa für England ist. Sie hat England keine Rolle in Europa gegeben, sie hat immer nur Nein gesagt. Hinzu kam die Tatsache, dass sie sich mit Helmut Kohl nicht gut verstand. Als sie 1990 von einem Gipfeltreffen aus Paris zurückkam, wusste sie schon, dass die Regierung ihre Politik nicht länger unterstützen wollte. Sie lud sich jedes Kabinettsmitglied vor und mit einer oder höchstens zwei Ausnahmen haben alle gesagt: „Frau Ministerpräsidentin, möglicherweise ist es Zeit, dass Sie gehen." So rief der Chefsekretär der Downing Street im Buckingham Palast an und ließ Ihrer Majestät ausrichten, dass die Ministerpräsidentin innerhalb einer Stunde vorbeikommen möchte, um ihr Amt niederzulegen. Dann gibt es ein historisches Bild, auf dem Thatcher aus der Downing Street zum Palast wegfährt, noch im offiziellen Amtswagen, und in ihren Augen stehen die Tränen. Es ist ein beeindruckendes Foto und es symbolisiert das Ende ihrer Herrschaft.

Mutter Charlotte, verwitwete Hofler,
ca. 1980 in einem Ausflugslokal

Meine Mutter

An meine Mutter habe ich nur schöne und glückliche Erinnerungen. Immer, wenn ich an sie denke, kommt ein Lächeln in mein Gesicht. Wir hatten immer eine gute Beziehung und sind auch gern zusammen verreist. Das hatte vor allem praktische Gründe, denn ich war der Einzige aus der Familie, der noch da war. Ich habe mir manches Mal Vorwürfe gemacht, dass ich mich nicht genug um sie kümmerte.

In England gab es ein Reiseunternehmen, das preiswerte Kurztrips in die großen europäischen Städte anbot. Wir hatten Prag, Rom und Paris besucht, aber am besten hat es uns in Nizza gefallen. So sind wir mehrere Male, als meine Mutter noch reisen konnte, für ein langes Wochenende nach Südfrankreich geflogen.

Die Routine war immer dieselbe: Freitagvormittag ging meine Mutter zum Friseur. Danach fuhren wir in die Berge oberhalb von Nizza und besuchten ein Café mit einer wunderbaren Aussicht über die Bucht. Anschließend hatten wir noch zwei Stunden, bis ich zum Abendgottesdienst in der Synagoge sein wollte. So sagte ich zu meiner Mutter: „Wir können jetzt entweder rechts abbiegen und das Matisse Museum besuchen, oder wir fahren hinunter in die Stadt und gehen shoppen in der Galerie Lafayette." Da hat meine Mutter gelächelt und gesagt: „Du weißt ja, wohin ich gerne möchte, aber bitte erzähle es nicht deinem Bruder!"

Jo, der Akademiker in Australien war, hätte nie verstanden, dass wir lieber in ein Kaufhaus gingen, anstatt ein Museum mit den Werken eines der großen Maler des 20. Jahrhunderts zu besuchen. Aber wir beide hatten unsere Freude daran.

Die letzten Jahre ihres Lebens war meine Mutter bettlägerig und auf Hilfe angewiesen. Das hat ihr keinen Spaß gemacht, aber sie hat sich nie darüber beklagt. Sie hat immer noch am Leben teilgenommen, sogar neue Freundschaften geschlossen. Das war im Rückblick eine kolossale Errungenschaft. Und schließlich hat sie sich damit abgefunden, dass es bald zu Ende geht.

Meine Mutter war eine tapfere Frau, das hat sie mehrere Male bewiesen, nicht nur während der Emigration nach Amsterdam, als ihr Mann in der Nervenklinik landete und sie allein mit der Situation fertig werden musste. Wenn ich mich an ihr Leben erinnere, war sie immer wieder mutig, beispielsweise als sie entgegen aller Konventionen mit einem Mann zusammenlebte, obwohl sie noch mit einem anderen verheiratet war. Sie hat auch damit fertig werden müssen, dass zwei ihrer drei Kinder einen unnatürlichen Tod fanden.

Perth

Ungefähr 14 Tage vor meiner offiziellen Zulassung als Rabbiner hat mein Zwillingsbruder sich in Australien das Leben genommen. Als die Nachricht kam, es war an einem Freitagabend, war ich bei meiner Mutter in London. Für sie war es ein ungeheurer Schlag, ein schrecklicher Schlag. Ich weiß, irgendwann an diesem Abend habe ich zu mir gesagt: „So schlimm wird es nie wieder im Leben werden." Und so schlimm ist es nie wieder geworden.

Ich bin am nächsten Abend zur Beerdigung nach Australien geflogen, meine Mutter war schon pflegebedürftig und konnte nicht mit. Weil sie auf mich angewiesen war, bin ich am Tag nach der Beerdigung zurück.

Man fragt mich manchmal, was mit meinem Bruder los war, was für Gründe es gab, dass er sich das Leben genommen hat, aber Schuld war einfach die Krankheit. In meiner väterlichen Familie gab es eine psychiatrische Störung, und ein Symptom dabei war der Drang zur Selbstzerstörung. Die Großmutter hat darunter gelitten, die Schwester meines Vaters hat darunter gelitten und sich das Leben genommen, und mein Vater schließlich auch. In unserer Generation hat es meinen Bruder erfasst. Meine Schwester und mich nicht, zum Glück auch keines der Kinder meiner Schwester. Ich hoffe, dass damit jetzt Schluss ist.

Was kaum erwähnt wird, ist der schreckliche Effekt, den ein Selbstmord auf die Angehörigen hat. Es ist sehr schwer, damit fertig zu werden. Man fragt sich immer, ob man es nicht hätte verhindern können, man trägt es immer mit sich herum. Aber irgendwann, hoffe ich, kann man sich mit seinem Schicksal versöhnen.

Das Dasein als Rabbiner

Ich bin kein religiöser Beamter, der Werbung für Gott macht. Es gibt andere, die das wohl tun, denn sie glauben, dass Religion Rettung für die Seele bedeutet. Diese Vorstellung habe ich nicht und sie hat im Judentum auch keinen Platz; wenn überhaupt, dann nur einen nebensächlichen. Während es in den anderen Religionen wohl so ist. Das sind umstrittene Themen.

Das Schöne für mich als Rabbiner ist das Zeremonielle am religiösen Leben, vor allem der Gottesdienst, der mir viel Befriedigung gibt. Als ich in England Rabbiner war, hatten wir in einer Gemeinde einen Mann, der vom Wesen her eher schwierig war. Als seine Mutter starb, übernahm ich die Beerdigungszeremonie. Am Ende der Feier kam der Mann zu mir und hat sich bedankt. Was ihn am allermeisten beeindruckt habe, sei die Würde gewesen, in der die Feier stattfand. Und das war und bleibt für mich das schönste Kompliment als Rabbiner. Denn dem Judentum ist sehr dran gelegen, das Leben zu würdigen. Damit würdigt man die Schöpfung und damit auch Gott.

Wichtig ist mir als Rabbiner auch der Kontakt mit Menschen, ganz besonders im Notfall. Bestattungen sind für mich auch wichtiger als Hochzeiten, denn bei Beerdigungen kann man mehr für Menschen tun, man kann ihnen Trost spenden und ihnen helfen, mit einer schwierigen Situation umzugehen. Bei einer Hochzeit wird nicht so viel von einem verlangt. Die Leute sind sowieso froh und glücklich. Das, was man dem Brautpaar sagt, wird schnell vergessen. Es ist im Grunde beinahe nebensächlich, wie gut oder wie schlecht die Rede ist. Der Ablauf ist vorgegeben, eine Urkunde muss unterzeichnet werden, daran hält man sich. Aber der persönliche Beitrag ist gering.

Mit manchen Paaren habe ich längeren Kontakt, auch nach der Hochzeit, und manchmal kann man auch behilflich sein. Bei einem Paar, das ich einst getraut hatte, gab es Probleme in der Ehe. Der Mann hat mich angerufen, wir sind zusammen Essen gegangen, aber haben kaum ein paar Worte über seine Ehe gesprochen. Am Ende des Mittagessens habe ich zu ihm gesagt: „Hör mal zu, die Grundfrage scheint mir zu sein, ob ihr zusammenbleiben wollt oder nicht." Da hat er mich kolossal erstaunt angeguckt und gesagt, darüber habe er noch nicht nachgedacht. Da habe ich gesagt: „Dann geh nach Hause" – naja, das hätte er sowieso getan – „und sprich mit ihr darüber. Wollt ihr zusammenbleiben?" Dann ging er und ich habe nichts mehr von ihm gehört. Aber ein paar Jah-

Willy Wolff als Hochzeitsgast, 1991 in London

re später wurde ich zur Einsegnung eines ihrer Kinder eingeladen. Das gibt mir dann doch Freude und Befriedigung.

Ich bin der Meinung, dass ein Gemeinderabbiner immer zur Verfügung stehen sollte. So schwer ist das nicht. Aber Leute sind in diesem Punkt sehr unterschiedlich. Manche Rabbiner bestehen darauf, einen Tag in der Woche frei zu haben. Das habe ich nie gemocht. Ich bin ein Arbeitstier und arbeite gerne.

Als ich in London Rabbiner war, bin ich donnerstags zu Hause geblieben, aber ich habe der Gemeinde gesagt: „Wer mich sprechen will, kann mich zu Hause anrufen." Ich denke, so ein Anruf dauert zwei Minuten. Wenn ich am nächsten Tag ins Büro komme und da liegt eine Liste, wen ich alles zurückrufen soll, dann ist das viel mehr Arbeit. Ich gehe lieber gleich ans Telefon und bespreche, was zu besprechen ist. Dann ist es erledigt und ich habe einen freieren Kopf am nächsten Tag. Aber das ist eine sehr persönliche Entscheidung.

Mit E-Mails arbeite ich nicht gern. Ein Handy habe ich, aber nur für den Fall, dass ich unterwegs bin und irgendwo aufgehalten werde. Dann kann ich anrufen, deshalb liegt das Handy hauptsächlich in meinem Wagen, was ein großer Vorteil ist. Wenn das ständig angeschaltet wäre, würde es mich belasten. Ich bin der Meinung, wenn man mich dringend sprechen möchte, findet man mich auch.

Löwen in Johannesburg

Im englischen Judentum werden freie Rabbinerposten nur selten ausgeschrieben. Meistens findet eine Gemeinde ihren Rabbiner durch Empfehlungen. Es wird einem gesagt: „Da und dort ist ein Rabbiner nötig. Wenn Sie Interesse haben, bewerben Sie sich bitte."

Ich war zuerst darauf angewiesen, in London zu bleiben, denn ich hatte meine Mutter da, um die ich mich kümmern musste. Also habe ich in einer der größten Gemeinden in London angefangen, als Assistenz-Rabbiner. Dort war ich sehr gern. Es war eine wunderbare Synagoge mit Orgel und Chor. Ich bin auch mit meinem Chef, Rabbiner Hugo Gryn, der aus der Tschechoslowakei stammte und ein Auschwitz-Überlebender war, sehr gut ausgekommen. Wir haben uns gut verstanden und ich war im Grunde genommen sehr glücklich.

Dann starb meine Mutter und es kam ein Angebot aus Newcastle, im Norden von England, wo ich schließlich für vier Jahre Rabbiner wurde.

In England ist es so, dass sich die Gemeinden nur von den Beiträgen der Mitglieder finanzieren. Bei kleinen Gemeinden ist nie viel Geld da. Ein paar Mal ist es passiert, dass mich die Gemeinde plötzlich nicht mehr bezahlen konnte. So war ich öfter auf Postensuche und bin ein bisschen herumgekommen, was ganz interessant war.

Vor mehr als 20 Jahren war ich in Südafrika, in Johannesburg, bei einer Gemeinde, die damals keinen eigenen Rabbiner hatte. Jedes Jahr im Herbst heuerte sie sich für die hohen jüdischen Feiertage einen Rabbiner an, meistens aus Amerika. Ich kann mich nicht erinnern, wie ich davon erfuhr, aber ich wurde eingeladen und bin dorthin.

Ich landete um sechs Uhr morgens in Johannesburg und um neun Uhr war ich schon im Büro. 14 Uhr musste ich bei einer Beerdigung amtieren und am Abend hatte ich einen weiteren Trauergottesdienst zu leiten. So ging es weiter, unablässig. Es hat sich auch herumgesprochen: Dieser Rabbiner ist tagsüber im Büro anzutreffen! So sind alle mit jedweden Problemen zu mir gekommen, oder einfach nur, um nett „Guten Tag" zu sagen. Es war viel Arbeit und keine Zeit, das Land anzusehen.

Nach fünf Wochen, an meinem letzten Tag, hat mich jemand eingeladen und ein bisschen in der Umgebung herumgefahren. Plötzlich saßen mitten in der Landschaft die Löwen! Die saßen ungeheuer friedlich da, aber ich bin wohlweislich im Auto geblieben und hab sie nicht gestreichelt. Lieber nicht, hab ich mir gesagt. Es könnte missverstanden werden.

Das war eine schöne Zeit und ich wäre auch gerne in Südafrika geblieben, aber dann habe ich mir gesagt: Wenn der Dezember kommt und die schöne Weihnachtszeit in England beginnt und hier ist es Sommer, dann wirst du großes Heimweh bekommen. So habe ich entschieden, ich bleibe nicht.

Windsor

Der Heiligabend in der Schlosskirche von Windsor ist erstens ein großes Vergnügen und zweitens ein Höhepunkt in meinem Leben. Es ist ein besonderer Gottesdienst, den ein anglikanischer Pfarrer Ende des 19. Jahrhunderts eingeführt hat. Es werden neun Bibelabschnitte vorgelesen, die mit Jesus zu tun haben, alttestamentarische Prophezeiungen von Jesaja oder ähnliches und zwischendurch werden Weihnachtslieder gesungen. Einige davon kennen alle und singen alle mit, andere singt nur der Chor. Das ist wunderschön; erheblich schöner, als würden die Lieder nur von Schulkindern gesungen werden.

Es wird im Allgemeinen von Rabbinern nicht erwartet, dass sie bei einem Weihnachtsgottesdienst anwesend sind, aber ich habe viel Freude daran. Ich hänge es nicht an die große Glocke, wenigstens nicht an die große jüdische Glocke. Es würde doch ein gewisses Erstaunen auslösen und ich hätte mich zu rechtfertigen. Aber da die jüdische Presse nicht darüber berichtet, kann ich machen, was ich will.

Ich gehe immer mit denselben Bekannten nach Windsor, schon seit mehr als 50 Jahren. Schuld daran war mein damaliger Chef bei der Wochenzeitung „Slough Observer". Er hieß Leslie Tunks und war ein sehr strenger Chef, trotzdem ist zwischen uns eine persönliche Freundschaft entstanden. Einen Tag vor Heiligabend, wir hatten die nächste Ausgabe gerade fertig, hat Leslie mich gefragt: „Und, was machst du über die Feiertage?" Ich antwortete: „Ich fahre morgen früh nach Cambridge und werde mich anstellen, um den Gottesdienst in der King's College Chapel zu hören." Man muss wissen: Das ist eine der schönsten Kirchen Englands, nicht nur das Gebäude – spätgotisch – ist außergewöhnlich, auch der Chor ist weltberühmt. Jedes Jahr am 24. Dezember gibt es dort diesen anglikanischen Weihnachtsgottesdienst. Dafür muss man sich stundenlang anstellen und ich war bereit, das zu tun.

Aber Leslie hat gesagt: „Warum willst du nach Cambridge? In Windsor haben wir's genauso schön und genauso gut!" Und weil Leslie für mich eine Autoritätsperson war und ich wusste, dass er mich später fragen würde, wo ich Heiligabend gewesen bin, habe ich mich nicht getraut, nach Cambridge zu fahren, und bin stattdessen nach Windsor. In späteren Jahren kam Leslie immer mit und anschließend gab er einen kleinen Cocktailempfang bei sich zu Hause, er wohnte nur ein paar Minuten entfernt. So wurde das zur Institution. Leider starb Leslie 2008 an Krebs, seitdem begleitet mich seine Witwe nach Windsor.

Wenn ich im Urlaub bin oder am Wochenende nicht in einer Synagoge sein kann, gehe ich sonntags in die Kirche. Ich brauche einfach diese Beziehung zu Gott. Irgendetwas Seelisches nehme ich davon mit, obwohl ich viele Gebete nicht mitspreche, weil sie zum Judentum nicht passen. Es ist ja ein- und derselbe Gott, zu dem wir beten. Bei den Christen ist noch die zusätzliche Figur von Jesus dabei, die im Judentum keine Rolle spielt. Ich habe immer ein Interesse an allen Arten von Gottesdiensten gehabt. Und die anglikanische Liturgie ist mir sehr bekannt.

Ich bin schließlich in einer christlichen Umgebung aufgewachsen und die anglikanische Kirche ist im englischen Leben doch viel spürbarer als die katholische oder die protestantische Kirche in Deutschland. Die anglikanische ist auch eine Staatskirche und ihr Einfluss ist nicht nur theologisch, sie spielt bis heute eine besondere Rolle in der englischen Kultur.

Als ich in England zur Schule ging, hat die Musiklehrerin uns hauptsächlich Grammophon-Platten vorgespielt, mit allen Arten von Musik. Eine der Platten war vom Chor der russisch-orthodoxen Kirche in Paris. Das war wunderschöne Musik, sehr bewegend und herrlich gesungen. Als ich nach dem Krieg zum ersten Mal nach Paris kam, war ich entschlossen, mir den Chor persönlich anzuhören. So bin ich am Sonnabendabend in die russisch-orthodoxe Kirche – wunderbar! Sowieso hab ich Chormusik immer sehr gern gehabt. Und Chöre hört man am besten – zumindest in England – in Kirchen, wo jede Kirche einen eigenen Chor hat.

Ich habe einen Freund, einen anglikanischen Pfarrer, der für vier kleine Gemeinden verantwortlich ist. Als ich ihn einmal besuchte, hat er am Sonntagmorgen gepredigt, um acht Uhr in einer kleinen Dorfkirche. Vor uns kommen herein: zwei alte Damen, in Talar! Die waren der Chor, und sie haben gut gesungen.

Es gibt im Judentum und auch in manchen christlichen Bewegungen die Meinung, dass die Worte allein genügen müssten, aber diese Ansicht teile ich persönlich nicht. Mir ist Kirchenmusik und synagogale Musik immer von großer Bedeutung gewesen. Musik gehört einfach zu einem Gottesdienst dazu. Sonst ist er sehr nüchtern, meines Erachtens zu nüchtern.

Rabbiner William Wolff liest aus der Tora, Schwerin, 2014

Orgel

Nach orthodoxem Gesetz darf man kein Instrument am Sabbat spielen. Es wird als Arbeit eingestuft und die Vorschriften, welche Arbeit erlaubt ist und welche nicht, sind sehr streng. Das Spielen eines Musikinstruments ist unerlaubte Arbeit. Aber in liberalen Synagogen, die eine etwas lockere Einstellung zu den Sabbatgeboten haben, wird die Orgel gespielt. Das hat man von der Kirche übernommen, um dem Gottesdienst eine größere Schönheit zu geben, das bedeutete mehr Musik, bedeutete Chor, bedeutete auch Orgel.

Inzwischen ist die Orgel aus vielen liberalen Synagogen wieder verschwunden, aber ursprünglich, als sie nach 1800 eingeführt wurde, war die Orgel das Kennzeichen der liberalen Synagogen. In Deutschland hießen sie „Orgelsynagogen". Eine Orgelsynagoge war eben eine liberale Synagoge.

Die Gebote

Juden und Christen haben die gleiche Bibel, dasselbe Alte Testament, aber sie gebrauchen es auf völlig unterschiedliche Weise. Im Christentum sind die späteren Bücher des Alten Testaments, die prophetischen Bücher, die wichtigeren, weil sie auf das Kommen von Jesus hindeuten. Im Judentum sind die ersten fünf Bücher wichtiger, weil sie die Vorschriften enthalten. Denn nach jüdischer Lehre – und das ist einer der großen Unterschiede zum Christentum – sind die Gebote wichtiger als der Glaube.

Es wäre übertrieben zu sagen, dass es dem Judentum gleichgültig ist, was man glaubt, aber der Glaube spielt keine entscheidende Rolle. Es wird einfach angenommen, dass man glaubt. Ohne Glauben hat das Ganze nicht viel Sinn. Aber der Glaube allein genügt nicht. Das Wesentliche sind die Vorschriften und dass man sich an sie hält. Man sollte etwas für den Sabbat übrig haben, für die Speisegesetze und die Feiertage.

Es gibt 613 Vorschriften oder Gebote, aber die können wir nicht alle einhalten. Etwa 200 haben mit dem Tempeldienst in Jerusalem zu tun. Der Tempel wurde im Jahre 70 n.d.Z. zerstört, seitdem ist der Opferdienst aus dem Judentum verschwunden. So bleiben noch ungefähr 400 Gebote.

Es gelingt mir nicht, mich an alle Vorschriften zu halten, aber ich glaube, das bezieht sich auf die meisten Menschen. Es sind eben viele Gebote, die sehr streng sind. Nach den Vorschriften dürfte ich zum Beispiel Sonnabendmittag nach dem Gottesdienst nicht reisen, aber das habe ich trotzdem oft gemacht, weil es praktisch war. Wir sind eben alle nur Menschen.

Die ersten fünf Bücher des Alten Testaments heißen auch „Fünf Bücher Mose", weil die Tradition besagt – was die Wissenschaft inzwischen widerlegt hat –, dass sie von Moses geschrieben wurden. Traditionell wird der Text aus einer Torarolle vorgetragen, die handgeschrieben wurde, mit Vogelfeder auf Pergament. Die Tora wird in einem Jahreszyklus beim Gottesdienst gelesen, jede Woche ein Abschnitt. Es fängt immer im Herbst an und endet im Herbst. Am selben Tag, an dem das Schlusskapitel gelesen wird, beginnt man wieder mit Kapitel eins.

Als ich im Süden von England Rabbiner war, nahm ich an interreligiösen Gesprächen mit einem anglikanischen Pfarrer teil. Beim ersten Mal ging es sehr gut, aber beim zweiten Mal stellte das Publikum viele Fragen zu den prophetischen Büchern und ich wusste, dass meine Antworten darauf nicht ergiebig waren. Nach der Veranstaltung kam der Pfarrer zu mir und sagte: „Also, Herr Rabbiner, Sie müssen die prophetischen Bücher wirklich besser kennenlernen, als Sie das bisher tun!“ Das war eine verdiente Rüge, aber der Grund ist und bleibt eben der, dass im Judentum vor allem die ersten fünf Bücher gelesen werden. Damit kenne ich mich aus und kannte mich auch schon aus, bevor ich das Rabbinerstudium begann.

Einmal war ich mit dem Pressesprecher der Konservativen Partei unterwegs. Er war ein gläubiger Christ; ich weiß nicht mehr weshalb, aber unser Gespräch kam auf die Zehn Gebote. Er behauptete, dass „Liebe deinen Nächsten wie dich selbst“ Teil der Zehn Gebote sei. Ich habe das verneint, er hat „Doch!“, gesagt und so ging das hin und her, bis ich erwiderte: „Es hat keinen Zweck, dass wir uns streiten, wir sollten nachschlagen!“ Zu meinem großen Erstaunen hatte er eine Bibel dabei! Aber wer hatte Recht? Ich.

„Liebe deinen Nächsten wie dich selbst“ ist zwar ein zentraler Vers des Christentums, aber er stammt aus dem Alten Testament, also aus der Hebräischen Bibel. Einer der größten Gelehrten des jüdischen Altertums, Rabbi Akiba, den die Römer hingerichtet haben, weil er beschuldigt wurde, einen Aufstand angezettelt zu haben, hat gesagt, dass das Gebot „Liebe deinen Nächsten wie dich selbst“ das Hauptprinzip des Judentums ist. Er hat es nicht als Hauptgebot bezeichnet, denn Gebote kommen nur von Gott. Er sagte sehr geschickt: „Das Hauptprinzip des Judentums ist: ‚Liebe deinen Nächsten wie dich selbst‘.“ Man muss eben bedenken, dass die christliche Kirche aus dem Judentum stammt. Paulus war ein Jude und Jesus natürlich auch. Ich persönlich glaube, dass die Kirche Paulus mehr verdankt als Jesus, aber das ist ein Thema für christliche Theologen und nicht für einen Rabbiner.

Privatjet

Als ich noch in London als Assistent in der Gemeinde von Rabbiner Hugo Gryn gearbeitet habe, bin ich immer, wenn ich in die Synagoge kam, als Erstes in sein Büro gegangen. Einen Freitag saß er da und hat etwas bedrückt ausgesehen. Ich wollte wissen, was los sei. So hat er gesagt: „Ach, weißt du, Willy, ich muss bis Montagabend sechs Vorträge schreiben." Ich sagte: „Hugo, das ist absolut unmöglich!" Und fand wieder einmal – das war meine private Meinung –, dass seine Sekretärin eine sehr liebe Frau war, aber meines Erachtens wenig kompetent. So habe ich zu ihm gesagt: „Du musst jemand haben, der mehr Kontrolle über deinen Terminkalender ausübt!" Da hat er geantwortet, was er immer gesagt hat, wenn er nicht konform war mit mir: „Sei nicht so dumm, das geht nicht!" Ich habe weiter auf ihn eingeredet, dass er zu viele Termine annähme, dass er hierhin und dorthin fährt für Veranstaltungen, zu denen nur 20 oder 30 Leute kommen. „Diese vielen Termine, die nichts mit der Gemeindearbeit zu tun haben, die musst du reduzieren!" Da hat mich Hugo angeguckt und gesagt: „Ja, aber die machen am meisten Spaß." So blieb es dabei. Und ich muss sagen, dass er mir in der einen oder anderen Weise bis heute ein großes Vorbild geblieben ist.

Als ich später in Newcastle Rabbiner war, wurde ich von einem befreundeten Paar gebeten, bei ihrer Hochzeit zu amtieren. Die Trauung sollte an einem Sonntagnachmittag am Stadtrand von London sein. Sonntagfrüh fand aber in Newcastle der jüdische Unterricht für die Kinder und Jugendlichen der Gemeinde statt. Eigentlich brauchte ich mich darum nicht zu kümmern, aber ich hatte versprochen, an diesem Tag dabei zu sein, und ich konnte und wollte nicht mehr absagen.

Nun musste ich aber rechtzeitig bei dieser Hochzeit in London sein. Die Bahn von Newcastle nach London brauchte damals mehr als fünf Stunden, das funktionierte nicht. Und die Flüge passten von den Uhrzeiten nicht. Die einzige Möglichkeit, um rechtzeitig nach London zu kommen, war ein Flugzeug zu chartern.

Es war eine Maschine für drei Personen, vorn der Pilot und hinten zwei Sitze. Auf einem saß ich, auf dem anderen stand ein Korb mit frischem Obst. Es war wundervoll! Alles, was ich tun musste, war zum Flughafen zu kommen, dann fuhr mich ein Privatauto über die Landebahn direkt zum Flugzeug, ich setzte mich hinein und flog. Die Flughöhe war viel niedriger als sonst, man konnte die Landschaft und die einzelnen Häuser besser erkennen. Bei der Landung sah ich schon den Synagogendiener auf mich warten und winkte ihm zu. Und das Großartigste war: Er winkte zurück!

Ich muss gestehen, es hat schon ein kleines Vermögen gekostet. Ich hatte aber damals noch zwei Einkommen, eines von einer Zeitung, für die ich regelmäßig schrieb, und das zweite von der jüdischen Gemeinde. So konnte ich es mir gerade noch leisten. Und: Jahre später spreche ich immer noch davon, und so hat es sich auf jeden Fall gelohnt.

Der Oberrabbiner

Im Judentum ist der örtliche Rabbiner die Hauptautorität für die Gemeinde. In manchen Ländern, zum Beispiel in England, haben sich mehrere Gemeinden zusammengeschlossen und einen Oberrabbiner bestimmt, der im öffentlichen Leben Englands eine repräsentative Figur für das ganze Judentum ist, aber seine religiöse Autorität beschränkt sich auf die Gemeinden, die seine Autorität anerkennen. Ich weiß nicht, ob das die Mehrzahl der Gemeinden ist oder nicht, aber möglicherweise eben nicht.

In Jerusalem gibt es zwei Oberrabbiner, mindestens zwei, einen für die aschkenasischen Juden, die hauptsächlich aus Osteuropa stammen, und einer für die sephardischen Juden, die aus Spanien, Portugal, Nordafrika und dem Nahen Osten kommen. Ich bin leider überfragt, wie sie miteinander auskommen. Ich nehme an, dass sie in gewissen Fragen einen gemeinsamen Standpunkt einnehmen können, aber wie genau es funktioniert, weiß ich nicht. Es hat, glaube ich, auch mit den beiden Persönlichkeiten zu tun, ob sie sich gut verstehen oder nicht. Für mich ist keiner von beiden eine Autorität. Im Grunde genommen haben sie nichts mit mir und meiner Arbeit zu tun und es ist mir völlig egal, was sie sagen.

Es gibt die schöne Geschichte von einem Schiffbrüchigen, der auf eine einsame Insel kommt. Vor ihm ist dort offenbar schon ein anderer Mensch gestrandet, und wie es sich herausstellt, ist es ein religiöser Jude. Er ist sogar so religiös, dass er sich auf der Insel zwei Synagogen gebaut hat. „Warum zwei?", fragt der Neuankömmling. Antwortet der erste Schiffbrüchige: „Ja, ich brauche doch eine Synagoge, in die ich keineswegs gehen würde!"

Ascot

Als ich noch freier Journalist war, sagte einmal ein Kollege zu mir: „Wenn du willst, kannst du eine Akkreditierung für das Königliche Pferderennen bekommen. Geh doch hin und sieh zu, ob es etwas Interessantes zu berichten gibt." Auf diese Weise kam ich zum ersten Mal nach Ascot. Es findet jedes Jahr Mitte Juni statt, und königlich ist es deshalb, weil die Queen mit ihrer Familie kommt und auch die Pferde Ihrer Majestät am Start sind.

Zu meinem großen Erstaunen machte mir der Ausflug unheimlich viel Spaß. Die Pferde waren beinahe nebensächlich, aber die Menschen waren so elegant, die Atmosphäre so heiter und der Blick in die zart-grüne Landschaft so wunderbar, dass ich mir sagte: „Da gehst du ab jetzt auch privat hin!" Das mache ich nun schon seit mehr als 40 Jahren. Kathleen, eine Bekannte aus Newcastle, begleitet mich.

Was zum Pferderennen dazu gehört, ist das Wetten. Ich habe auch eine Strategie – leider kann ich nicht behaupten, dass sie sehr erfolgreich ist –, aber ich wette immer auf die Pferde mit den bekanntesten Jockeys. Nach meiner Vorstellung können sich die guten Jockeys mehr oder weniger auswählen, welche Pferde sie reiten, und sie suchen sich bestimmt nicht die schlechtesten aus. Kathleen, meine Bekannte, hat eine andere Strategie, und sie gewinnt viel mehr als ich. Manchmal komme ich auch mit etwas Gewinn nach Hause, aber meistens hatte ich einfach nur Spaß.

In Ascot gibt es einen besonderen Bereich, er heißt „Royal Enclosure" und ist eine Abteilung nur für die Königin und andere Gutsituierte. Man kommt auch als normaler Sterblicher hinein, braucht aber eine Empfehlung. Außerdem kostet es mehr und es gelten sehr strenge Kleidervorschriften.

Willy Wolff in standesgemäßer Kleidung für das Königliche Pferderennen von Ascot, 2015

Frauen zum Beispiel müssen einen Hut tragen! Die Breite der Hutkrempe ist vorgeschrieben und die Kleiderlänge auch. Wenn die Damen Geld haben, lassen sie sich besondere Hüte machen, die ein Vermögen kosten. In den Ascot-Tagen zeigen die englischen Zeitungen seitenweise Bilder davon.

Als Mann trägt man Zylinder und einen „Morning Coat"– wenn man den Begriff eins zu eins übersetzen würde, hieße es „Morgenmantel", aber das ist es auf keinen Fall! Es ist ein Gehrock, der bis zu den Kniekehlen reicht und abgerundet ist. Man trägt ihn in England bei feierlichen Anlässen, die tagsüber stattfinden, beispielsweise bei Hochzeiten oder eben in Ascot. Jahrelang habe ich mir den „Morning Coat" mit Hose, Weste und Zylinder gemietet, aber eines Tages sagte ich mir: „Wenn du jedes Jahr nach Ascot fährst, kannst du dir die Ausstattung auch kaufen."

Was interessant ist: Für die königliche Abteilung muss jeder einen Titel haben, wenn man adlig ist, kein Problem, dann ist man Sir, Lord, Viscount oder Earl. Wenn man aber nur ein gewöhnlicher Mensch ist, bekommt man einen „Esquire" als offiziellen Namenszusatz. Auf dem Anstecker, den ich in Ascot tragen muss, steht also „William Wolff, Esquire". Das Wörterbuch schlägt als Übersetzung „Hochwohlgeboren" vor. Das klingt heutzutage lächerlich: „William Wolff, Hochwohlgeboren", aber so ist die englische Aristokratie. Da darf man kein einfacher „Herr" sein, sondern wird zu einem „Hochwohlgeborenen" erklärt, selbst wenn man aus gutbürgerlich-jüdischem Haus stammt.

Ich glaube nicht, dass ich jeden Monat zum Pferderennen gehen würde, aber einmal im Jahr macht es kolossal Spaß. Es ist einfach ein schöner, unbeschwerter Tag. Da ich dummerweise keine eigene Familie gegründet habe, sind Höhepunkte wie Ascot im Juni und Windsor zu Weihnachten wichtig für mich. Es gibt meinem Leben eine gewisse Verankerung.

Das deutsche Schicksal

London ist meine Heimatstadt. Ich betrachte mich als Londoner. In London kenne ich mich sehr gut aus, ich finde dort immer meinen Weg. Besonders durch die journalistische Arbeit im Parlament wurde ich auch Teil des offiziellen englischen Lebens. Dass mir aber mein deutscher Ursprung trotz Emigration und trotz Naziverfolgung etwas bedeutet, wurde mir klar am Abend des zehnten November 1989. Das war ein Freitag, und in der Nacht zuvor war in Berlin die Mauer gefallen.

Ich war damals Rabbiner im Norden Englands und betreute die Gemeinde von Newcastle, zu der auch eine kleine Tochtergemeinde in Darlington zählte. An diesem Freitagnachmittag war ich auf dem Weg nach Darlington, wo ich den Abendgottesdienst leiten musste. Im Autoradio liefen die Berichte vom Mauerdurchbruch in Berlin. Sonst bin ich nicht so nah am Wasser gebaut, aber als ich das alles hörte, kamen mir die Tränen. So wusste ich, wie sehr mich das deutsche Schicksal immer noch bewegte.

Ich habe im Gottesdienst direkt auf den Mauerdurchbruch Bezug genommen und ein Dankesgebet gesagt. Ich hatte einfach das Bedürfnis. Ich weiß nicht, wie viel es meinen englischen Gemeindemitgliedern bedeutet hat, aber mir war es sehr wichtig. Meines Erachtens bleibt es für die europäische Geschichte ein genauso bedeutsames Ereignis wie die französische Revolution, die genau zweihundert Jahre früher stattfand.

Man spricht ja immer von Helmut Kohl als dem Kanzler der Deutschen Einheit, aber nach meiner Vorstellung war er der zweite Kanzler, der Deutschland vereint hat. Der erste war Otto von Bismarck, der die vielen separaten Großherzogtümer zu einem deutschen Nationalstaat zusammengefasst hat. Er war sicher einer der bedeutendsten Staatsmänner der deutschen Geschichte, aber zusätzlich, aus einem sehr persönlichen Grund, bedeutet Otto von Bismarck mir viel: Die beste Schularbeit in Geschichte, die ich jemals geschrieben habe, war in London ein Aufsatz über Bismarck. Dafür habe ich 20 von 20 Punkten bekommen, es war kein einziger Fehler darin. So bin ich Herrn von Bismarck bis heute sehr dankbar und hatte mein ganzes Leben besonders viel für ihn übrig.

Wimbledon

Irgendwann Mitte der 1990er Jahre hatte Wimbledon seinen Rabbiner verloren. Ich kannte die Gemeinde schon aus meiner Ausbildungszeit und hatte dort auch später oft amtiert. Dann wurde mir der Posten als Gemeinderabbiner angeboten, den habe ich auch gerne angenommen. Es war ein größerer und wichtiger Posten.

Die weltberühmte Tennisanlage war nicht ganz einen Kilometer von unserer Gemeinde entfernt. Während des großen Wimbledon-Turniers habe ich gesehen, dass sich die Bewohner der Gegend Geld verdienten, indem sie auf ihren Grundstücken Parkplätze zur Verfügung stellten. Anstatt dass die Zuschauer ihren Wagen in eine der großen Parkflächen der Tennisgesellschaft kutschierten – was erst einmal viel Geld kostete und zweitens lange dauerte, bis abends tausende Autos wieder ausgeparkt waren –, konnten sie ihre Autos ein paar Straßen weiter privat unterstellen.

Willy Wolff in seiner Küche, Henley-on-Thames, 2015

Das habe ich gesehen und meiner Gemeinde vorgeschlagen: „Wir haben hier so einen großen Parkplatz, wir könnten mindestens 20 Autos unterbringen. Wir nehmen zehn Pfund pro Tag, das ist konkurrenzfähig. Dann hätten wir 200 Pfund am Tag, eine ganze Woche lang. Das rechnet sich!" So haben wir es dann auch gemacht. Nur am Sonntag, an seinem freien Tag, wollte unser Hausmeister nicht extra kommen, um das Tor aufzumachen. So bin ich eben hin und habe das Geld kassiert. Das hat großen Spaß gemacht und uns ein paar tausend Pfund eingebracht.

Zur Gemeinde gehörten auch viel ältere Leute und ich fand, dass ihnen auch etwas geboten werden müsste. So habe ich ein monatliches Mittagessen initiiert. Dazu gab es immer einen Vortrag von einer interessanten Persönlichkeit, die in der Gegend wohnte, einem Politiker oder einer Schauspielerin oder von wem auch immer. Die Gemeinde hat immer gedacht, dass jeder, der zu uns kam, ein Freund von mir sei. Das hat aber nicht gestimmt. Manche waren Bekannte, manche aber auch nicht.

Ich habe zum Beispiel in der Zeitung gelesen, dass in Wimbledon ein englischer Diplomat wohnte, der vorher u.a. Botschafter in einem arabischen Land war. Ich habe seine Adresse im Telefonbuch gefunden und er hat sofort zugesagt. Ich habe ihn abgeholt, er hat uns einen sehr interessanten Vortrag gehalten und die Leute konnten Fragen stellen. Er galt als pro-arabisch und anti-israelisch, aber das war nicht der Fall.

Diese Mittagessen waren immer schöne Veranstaltungen. Es war nicht viel Aufwand, und es hat vor allem den älteren Menschen der Gemeinde viel gebracht. Wir haben es „Food for Thought" genannt, im Deutschen würde man vielleicht sagen „Nahrung fürs Gehirn".

Dann wählte die Gemeinde einen neuen Vorsitzenden, einen Arzt, einen sehr klugen Mann. Aber mit ihm habe ich mich nicht gut verstanden. Bei einer Gelegenheit sagte mir der Chef der Reformbewegung in England: „Hör mal zu, dein Vorsitzender in Wimbledon macht sich Sorgen um dein Alter." Damals war ich 75, aber in dem Moment dachte ich mir: „Na dann kenne ich einen Ort, wo man sich keine Sorgen macht." So habe ich in Berlin angerufen und gesagt, ich wäre bereit, nach Deutschland zu kommen.

Mecklenburg-Vorpommern

In Berlin hatte ich einige Jahre zuvor Peter Fischer vom Zentralrat der Juden in Deutschland kennengelernt. Er war zuständig für die frisch gegründeten Gemeinden in den neuen Bundesländern und er sagte immer: „Wir brauchen hier Rabbiner!"

Nach der Wiedervereinigung hatte sich die Bundesregierung Deutschlands Zukunft nicht ohne Juden vorstellen können, denn dann wäre das Vernichtungswerk von Hitler womöglich erfolgreich gewesen. So haben sich Bund und Länder für eine Zuwanderung ausgesprochen. In den folgenden 15 Jahren kamen ungefähr eine viertel Million Juden aus den ehemaligen sozialistischen Ländern Osteuropas in die Bundesrepublik. Ein gewisser Anteil zog in die neuen Bundesländer, wo sie weder jüdisches Leben noch Synagogen, geschweige denn Rabbiner vorfanden. Es gab eben keine deutschen Juden mehr, oder nur noch sehr wenige. Als ich Doktor Fischer in Berlin anrief, dachte er gleich an den Posten in Mecklenburg-Vorpommern, wo ich schon einige Male ausgeholfen hatte. Zu meiner großen Freude entschied sich die dortige Gemeinde für mich. Das Amt des Landesrabbiners trat ich im April 2002 an.

Rabbiner Wolff am Eingang zur Synagoge der Jüdischen Gemeinde von Schwerin, 2014

In Mecklenburg wurde ich zuständig für die zwei großen Gemeinden in der Landeshauptstadt Schwerin und der Hansestadt Rostock und für die kleinere Gemeinde in Wismar. Alle drei sind Zuwanderergemeinden ohne Tradition und Wurzeln. Sie hatten sich ungefähr acht Jahre zuvor gegründet, die Mitglieder stammten beinahe ausschließlich aus der ehemaligen Sowjetunion. Ich war der Einzige, der nicht aus Russland oder der Ukraine kam.

Die meisten Gemeindemitglieder, es gab ein paar Ausnahmen, wussten nichts vom Judentum. Die Wenigsten konnten in der Sowjetunion ihre Religion praktizieren. Das scheint mir eines der großen kulturellen Verbrechen des osteuropäischen Kommunismus zu sein. Es wurden dort keine Rabbiner mehr ausgebildet, den Gemeinden wurde das Geld verweigert, wer sich religiös betätigte, machte sich verdächtig, flog von der Uni oder verlor seine Arbeit. Zum Schluss war nicht mehr viel vom Judentum übrig. Das ist für mich das Erstaunliche, aber auch Angstmachende, dass eine Kultur einfach so zerstört werden kann. Bevor ich nach Schwerin kam, war mir nicht klar, wie stark der Sowjetkommunismus das Judentum ausgerottet hat, ich finde keinen anderen Ausdruck dafür als ausgerottet.

Ich war 1975, damals noch als Journalist, mit dem englischen Oberrabbiner Immanuel Jakobovits für zehn Tage in der Sowjetunion. Jakobovits war eingeladen worden, die jüdischen Gemeinden zu besuchen. Damals war noch etwas vom jüdischen Leben da, zum Beispiel in Leningrad. Ich hab nie einen schöner gesungenen Gottesdienst gehört als in Leningrad! Aber als ich später nochmal hinkam, war nichts mehr davon übrig. Nichts. In Moskau gab es noch einen Rabbiner, der war zuständig für die ganze Sowjetunion, für drei Millionen Juden. Was macht ein Rabbiner mit drei Millionen Juden?

Aimée und Jaguar

Kurz nachdem ich in Schwerin ankam, lief im Fernsehen ein Film über die Liebe zweier Frauen während der Nazizeit in Berlin. Ich habe mich nicht weiter damit befasst – lesbische Liebesgeschichten sind nicht mein Interessensgebiet – aber Buchhandlungen umso mehr, und als ich, wie jeden Tag, meine Zeitungen kaufen ging, lag dort der Stapel von Büchern zum Film. Es war nicht meine Absicht, ein Exemplar zu kaufen, aber ich warf einen Blick hinein und plötzlich sah ich Fotos meiner Verwandtschaft aus Berlin!

Es stellte sich heraus, dass die Frau mit dem Kosenamen „Jaguar" meine Cousine zweiten Grades, Felice Schragenheim, war. Ihre Schwester Irene und meine Schwester Ruth haben als Kinder ständig miteinander gespielt. Ihr Vater Albert, ein Zahnarzt, der in der Familie Ali genannt wurde, war nicht nur der Cousin meines Vaters; meine Eltern waren eng mit ihm und seiner Frau befreundet und sind oft miteinander ausgegangen. Weil wir schon 1933 emigrierten, riss die Verbindung zu ihnen ab. Ich wusste, dass seine Frau bei einem Autounfall ums Leben gekommen war, aber erst aus dem Buch habe ich erfahren, dass Ali 1935 an einem Herzinfarkt starb und die Tochter Irene, genau wie wir, nach London auswanderte. Nur Felice blieb in Berlin zurück und hat versucht, im Untergrund zu überleben. Sie begann eine Liebesaffäre mit einer nicht-jüdischen Frau, wurde aber verhaftet, deportiert und kam nicht mehr aus Auschwitz zurück.

Diese Geschichte wurde von einer Berliner Journalistin namens Erica Fischer in dem Buch „Aimée und Jaguar" veröffentlicht, und daraus entstand auch der vielbeachtete Film von Max Färberböck. Die Liebesgeschichte der beiden Frauen hat in manchen Kreisen Kult-Charakter. Ich weiß nicht, ob das Felice gerecht wird. Ich glaube auch nicht, dass ihre

Eltern sehr erfreut über diese Geschichte wären. Im Buch steht, dass die Familie nicht religiös war, aber das stimmt nicht. Ich kann mich erinnern, dass Onkel Ali an einem Neujahrstag bei uns vorbeikam und auf dem Kopf einen Zylinderhut hatte. Den haben damals orthodoxe Juden an hohen Feiertagen zum Gottesdienst getragen.

Die Synagoge in Berlin, in die mein Vater und die Verwandten gingen, war voll von Männern, die Zylinder trugen. Das war später nur noch in wenigen Gemeinden üblich. Zum Beispiel in der großen Londoner Synagoge, in der ich tätig war. Einmal war es im Sommer sehr heiß und der Vorsteher hat mich gefragt, ob er anstelle des Zylinders nur das Käppchen tragen dürfte. Ich habe sofort „Nein!" geantwortet, denn ich fand, dass es mit Zylinder feierlicher wirkt. Das ist nur eine persönliche Meinung, sie ist nicht religiös basiert. Eine Kopfbedeckung muss sein, aber Zylinder braucht es nicht.

In Schwerin habe ich zwar nie Zylinder getragen, aber jeder erkannte mich an meinem Hut. Es wurde von mir als Rabbiner erwartet, dass ich eine Kopfbedeckung trug, und ich hatte kein Problem damit. Es hat aber eine Weile gedauert, bis mir klar wurde, dass ich Teil des öffentlichen Lebens von Mecklenburg-Vorpommern war. Wenn ich in Schwerin herumlief, grüßten mich viele Menschen, auch wenn ich sie gar nicht kannte.

Die Neo-Nazis, also die NPD, die in Mecklenburg-Vorpommern im Parlament vertreten ist, hat mir keine Sorgen bereitet. Bei einer Landtagswahl wollte der Norddeutsche Rundfunk meine Meinung zum Wahlergebnis wissen, und meine erste Reaktion war: „Wenn die NPD sieben Prozent der Stimmen bekommen hat, bedeutet es, dass 93 Prozent der Bevölkerung sie nicht gewählt haben! Ich bin stolz auf meine Mecklenburger!", habe ich dazu gesagt und bin es immer noch.

Ich war der Meinung, dass es eine Ideologie ist, die im Hauptteil der Bevölkerung keinen Anklang mehr findet. Natürlich gab es im Osten Deutschlands Gründe für ihren Zulauf, besonders durch die hohe Arbeitslosigkeit. Aber ich sehe es nicht als Gefahr. Wir leben in einem anderen Zeitalter.

Ich war dankbar und auch ein wenig stolz, in Deutschland zu leben und zu arbeiten, in einem Land, in dem die Geschehnisse von damals unvorstellbar geworden sind. Deutsche haben in ihrer überwältigenden Mehrzahl Verantwortung für die Folgen dieser Vergangenheit übernommen, und mir gab dies ein Gefühl der Sicherheit.

Es ist mir nur einmal in all den Jahren passiert, dass jemand eine pöbelhafte Bemerkung mir gegenüber gemacht hat. Es war abends und es schien mir, dass der Mann etwas betrunken war. Einmal in dreizehn Jahren belästigt zu werden – das ist für mich eine akzeptable Bilanz. Im Englischen gibt es die Redensart: „Wer die Hitze nicht aushält, sollte nicht am Feuer stehen." Das ist auch meine Meinung.

Die russische Gemeinde

Das jüdische Leben steht immer auf zwei Beinen, eines sind die Gottesdienste und Feiern in der Synagoge, das andere ist das häusliche Leben. In Schwerin und Rostock ist es uns meines Erachtens gelungen, ein glaubwürdiges synagogales Leben aufzubauen. Aber ob die Menschen zu Hause ihre jüdischen Feste und den Sabbat halten, weiß ich nicht. Mein Eindruck ist, dass hier mit sehr wenigen Ausnahmen nichts gefeiert wird. Die Menschen sind nicht daran gewöhnt und wissen auch nicht, wie sie feiern sollen.

Das Judentum zurück in das Leben dieser Menschen zu bringen, ist ein ungeheures Unternehmen. Ich möchte nicht sagen, dass es unmöglich ist, aber es würde viel mehr Menschen, viel mehr rabbinische Unterstützung benötigen. Ich allein konnte das nicht leisten, besonders nicht bei zweieinhalb Gemeinden.

In Schwerin hatte die Gemeinde 900 Mitglieder, von denen kamen ungefähr 30 bis 40 zum wöchentlichen Gottesdienst, zu den großen Feiertagen im Herbst waren es um die 200. Das bedeutete: 700 von ihnen habe ich beinahe nie gesehen. Es klingt paradox, aber einige Mitglieder lernte ich erst kennen, als sie tot waren. Wenn sie jüdisch beerdigt werden wollten, musste ich amtieren und eine Trauerrede schreiben.

In Mecklenburg ist es schwierig, einen koscheren Haushalt zu führen. Wo kriegen sie das koschere Fleisch her? Es gibt keinen einzigen jüdischen Schlachter in Mecklenburg. Das Fleisch aus Berlin oder Hamburg zu beziehen, kostet ein Vermögen. Also niemand hier hat einen koscheren Haushalt. Dessen muss man sich bewusst sein.

Rabbiner Wolff vor dem Toraschrank in
der Schweriner Synagoge, 2014

Russischstunde

Der große Unterschied zwischen Schwerin und Rostock ist, dass es in Rostock Arbeit gibt und in Schwerin kaum. Das macht die Integration in Schwerin schwierig, denn diejenigen, die arbeitslos sind, leben unter sich und lernen kaum Deutsch.

Als ich nach Mecklenburg kam, musste ich erst einmal verstehen, dass Migration heute völlig anders ist als zu der Zeit, als meine Familie und ich Emigranten waren. Beide Male, zuerst in Holland, später in England, musste meine Mutter sofort die Landessprache lernen, sonst wären wir verhungert. Damals gab es keine Selbstbedienung in Geschäften; man musste Holländisch sprechen, man musste Englisch sprechen, um anzusagen, was man haben will. Heute ist das alles nicht mehr nötig. Viele Gemeindemitglieder leben im selben Stadtviertel unter sich, sie schauen russisches Fernsehen und kaufen im Supermarkt ein. Dafür brauchen sie die deutsche Sprache nicht.

Deutsch zu lernen, kann man Menschen nicht vorschreiben. Wenn ich mit der Gemeinde kommunizieren wollte, musste ich die Sprache sprechen, die sie sprechen. So ging ich einmal in der Woche zur Russischstunde bei Olga Korneeva in Schwerin. Das hat mir sehr viel Freude bereitet. Bis heute spreche ich leider nicht besonders gut Russisch, aber verständigen kann ich mich. Die Gottesdienste habe ich teilweise auf Hebräisch, teilweise in der Landessprache gehalten, und die Landessprache in den Mecklenburger Gemeinden ist eben Russisch. Es gibt russische Gebetbücher, in denen das Hebräisch in russischen Buchstaben geschrieben steht. Meine Predigten wurden ins Russische übersetzt und in Schwerin habe ich sie auch auf Russisch vorgetragen.

Ich bin manchmal gefragt worden, welcher Strömung die Gemeinde in Mecklenburg-Vorpommern angehört. Ich habe geantwortet: „Wir brauchen keiner Strömung anzugehören. Wir sind die einzige jüdische Gemeinde in Mecklenburg. Punkt!" Ich denke, wir haben unseren eigenen Ritus aufgebaut, der irgendwo zwischen orthodox und liberal liegt. Richtig orthodox sind wir nicht, weil der Wochenabschnitt aus der Bibel auch auf Russisch vorgetragen wird, das wäre in einer orthodoxen Gemeinde unvorstellbar. Richtig liberal sind wir aber auch nicht, weil die Frauen der Gemeinde keinen egalitären Status haben. Sie dürfen nicht aus der Tora lesen und sie dürfen keine Gebete vortragen, was mir persönlich leidtut. Aber ein entscheidender Teil der Gemeinde hat das bisher nicht gewollt und ich hätte nur dagegen ankommen können, wenn ich ständig Streit heraufbeschworen hätte. Das wollte ich auf keinen Fall. Denn eines meiner wenigen Prinzipien ist, dass ein Rabbiner alles tun muss, um die Spaltung einer Gemeinde zu vermeiden. Das ist mir sehr wichtig und ich denke, es ist mir in Mecklenburg-Vorpommern doch gelungen.

Aufhören

Ich mag meine Arbeit sehr gerne. Ich kann mir ein Leben ohne Arbeit nicht vorstellen. Während meiner Zeit in Mecklenburg bin ich immer gependelt, alle zwei oder drei Wochen fuhr ich mit der Bahn nach Hamburg und bin von dort nach Heathrow geflogen. Anderthalb Stunden später war ich auf englischem Boden. Ich bin immer sehr gern in Schwerin und Rostock gewesen, aber ich wusste, eines Tages würde der Posten aufhören, und so ist mein kleines Häuschen in der Nähe von Henley mein Zuhause geblieben. Im Englischen sagt man: „Das Zuhause ist dort, wo das Herz ist." Bei mir ist es da, wo meine Bücher sind. In England wohnen aber auch die meisten meiner engsten Freunde.

Ich habe mich manchmal gefragt, ob die Gemeinde in Mecklenburg-Vorpommern bedauert hat, dass sie mich genommen haben. Mein Hauptnutzen für sie war wahrscheinlich jahrelang, dass ich die Beziehungen zu den öffentlichen Instanzen und der Landesregierung aufgebaut und gepflegt habe. Für die Gemeinde gab es die Sprachschwierigkeiten, und natürlich ist es schwer, sich in der deutschen Bürokratie zurechtzufinden. Mit meinem Kommen haben sich die Beziehungen zu den Behörden und Ämtern sicherlich verbessert, und ich persönlich habe auch enge Freunde gewonnen. Den langjährigen Innenminister und Stadtpräsidenten von Schwerin Dr. Armin Jäger schätze ich kolossal.

Ich hätte gern noch bis zu meinem 90. Geburtstag weitergearbeitet, und unser Gemeindevorsitzender Valeriy Bunimov wäre auch bereit gewesen, meinen Vertrag zu verlängern, aber dann gab es eine Vorstandssitzung und dort wurde entschieden, dass ich aufhören soll. Ich glaube, aber ich bin mir nicht sicher, dass es damit zu tun hatte, dass es eine russische Gemeinde ist und ich eben kein Russe bin. Dann

Willy Wolff im Hansaviertel von Berlin, 2014

verstehe ich, dass sie lieber jemand haben wollen, der auch einer von ihnen ist. Verletzt hat es mich nicht und auch nicht überrascht, denn ich bin mir sehr bewusst darüber, dass ich anders bin als sie.

In England ist es so: Wenn ein Pfarrer in den Ruhestand geht, muss er aus seiner Gemeinde fortgehen. Das ist kein geschriebenes Gesetz, sondern Tradition. Er darf nicht vor Ort bleiben, damit er dem Nachfolger keine Konkurrenz macht. Es wäre für alle unschön, wenn nach dem Sonntagsgottesdienst die Gemeindemitglieder zu ihm gehen würden und nicht zum neuen Pfarrer. Der alte soll dem neuen Pfarrer ein freies Feld überlassen. Das schien mir immer eine gute Regel zu sein.

Ehrenbürger

Ein Jahr bevor mein Vertrag mit der jüdischen Gemeinde von Mecklenburg-Vorpommern endete, entschied die Repräsentanten-Versammlung der Stadt Schwerin, mir die Ehrenbürgerschaft zu verleihen. Darüber war ich sehr gerührt. Ich war möglicherweise der erste Jude, auf alle Fälle aber der erste Landesrabbiner in Mecklenburg, der auf diese Weise geehrt wurde. Diese Ehrung war aber für mich auch mit einer Verpflichtung verbunden. Ich fand, dass ich in Schwerin meinen letzten Ruheplatz finden sollte.

Meine Freunde und meine Verwandten in England waren nicht sehr entzückt über diese Idee. Meine Neffen in Amerika und Israel sagten, sie wollten nach meinem Ableben mein Grab besuchen und es sei für sie schwieriger, nach Schwerin zu kommen als nach London. Schwerin liegt eben nicht auf einer der großen Verkehrsstraßen dieser Welt.

In London hatte ich schon ein Grab reserviert, auf dem Friedhof, auf dem auch meine Mutter bestattet ist. Wenn ich Kinder hätte, würde ich ihnen die Entscheidung überlassen, aber da ich keine habe, ist es meine Pflicht, eine Regelung zu treffen. Mein letzter Entschluss war, dass ich dort beerdigt werden will, wo ich sterbe. Wenn ich in England sterbe, dann in London, und wenn ich in Deutschland sterbe, dann in Schwerin. Es scheint mir völlig unsinnig zu sein, die Leiche hin- und herzufliegen.

Letztlich ist es gleich, auf welchem Friedhof ich einmal bestattet werde. Nach jüdischer Lehre sollen die Grabsteine alle gleichförmig sein. Wir sollen dieselben, sehr einfachen Särge aus Holz haben, ohne Verzierungen, es sollen nicht einmal Griffe daran sein. Das Judentum unterstreicht damit, dass wir Menschen alle gleichwertig sind, besonders vor Gott. Was auch immer wir im Leben erreicht haben oder nicht, als menschliche Seelen sind wir im Grunde alle gleich. Das scheint mir auch eine schöne Idee zu sein: Es bleibt etwas, das nicht mit weltlichem Erfolg zu messen ist.

Ende

Ich habe kein Leitmotiv für mein Leben. Ich bin sehr gern auf Erden, und dieses Grundgefühl kommt tief aus meinem Inneren. Ich mache mir auch keine Gedanken darüber, was geschehen wird, wenn mein Leben zu Ende ist. Die jüdische Lehre sagt, dass die Seele weiterlebt, in einer anderen Dimension. Das Judentum nennt sie „Olam Haba", die „nächste Welt". Daran kann ich glauben oder nicht, aber ich mache mir keine Sorgen darüber. Ich bin bereit, mich überraschen zu lassen. Wenn nichts weiter kommt, war ich eben so und so viele Jahre auf Erden und dann ist Schluss.

Ich bin mir aber ziemlich sicher, dass es noch eine weitere Existenz gibt, in einer anderen Dimension, von der wir keine Vorstellung haben. Der große Gelehrte Moses Ben Maimon, genannt Maimonides – meines Erachtens der größte jüdische Gelehrte der letzten 2000 Jahre – hat etwas sehr Schönes geschrieben: „Genau wie ein Fisch sich das Leben an Land nicht vorstellen kann, denn er lebt ja im Wasser, so können wir Menschen uns nicht vorstellen, was in der nächsten Welt geschieht."

Es wird sehr oft gesagt, auch im Judentum, dass wir dort noch einmal diejenigen treffen werden, die wir hier auf Erden geliebt haben. Ich würde liebend gerne die Menschen wiedersehen, denen ich verbunden war, zum Beispiel meine Mutter. Ich wüsste auch schon, was ich sie als Erstes fragen würde, nämlich: „Mutter, wo fahren wir hin? Was gucken wir uns hier an?" Mein Problem dabei ist: Wenn ich dort noch einmal diejenigen treffe, die ich hier auf Erden geliebt habe, was ist mit denen, die ich nicht geliebt habe? Es gibt Menschen, da genügt es mir vollkommen, sie hier auf Erden gekannt zu haben. Werde ich die auch wieder treffen?

Darauf gibt es leider keine Antwort, bis es eben so weit ist. Allem Anschein nach gibt es in der nächsten Welt keine Handys. Wenn ich dort eines Tages meine Erfahrungen mache – es wird früher sein als später – werde ich niemanden anrufen können, um zu erzählen: „So und so sieht es hier aus!" Das bedaure ich sehr, denn Berichterstatter ist ja mein erster Beruf.

Vielleicht gestattet mir der Erzengel Gabriel, oder wer auch immer sich in der nächsten Welt um ehemalige Rabbiner kümmern wird, einen kurzen Gruß hinunter auf die Erde zu schicken, um über das Leben dort zu berichten. Aber bis es so weit ist, genieße ich es jeden Tag, hier auf Erden zu sein.

Willy Wolff in seinem englischen Zuhause,
Henley-on-Thames, 2015

Ein Nachwort von Britta Wauer

Willy Wolff traf ich zum ersten Mal 2008 im Vorfeld zu den Dreharbeiten über den Jüdischen Friedhof in Berlin-Weißensee. Ich suchte damals nach einer Art Erzähler für den Film, einen Rabbiner, der die Unterschiede zwischen christlichen und jüdischen Trauerritualen und die Vorstellungen vom Jenseits im Judentum vermitteln könnte. Anna Fischer vom Centrum Judaicum hatte die Idee, Willy Wolff zu fragen, den Landesrabbiner von Mecklenburg-Vorpommern, geborener Berliner. Als ich ihn zum ersten Mal traf, war Willy Wolff für eine Rabbinerkonferenz in Berlin. Er saß in einem Kaffeehaus neben der Synagoge in der Oranienburger Straße und war sofort einverstanden, im Film mitzuwirken.

Ich hatte keine Ahnung, dass er zu den Dreharbeiten neben seinem rabbinischen Wissen auch schauspielerisches Talent und viel Humor mitbringen würde. Für den Film über den Friedhof Weißensee war er ein Glücksfall. Er schaffte, was zuvor unmöglich schien: witzig, klug und charmant über Tod, Trauer und die Vorstellungen vom Jenseits zu sprechen. Egal wo auf der Welt „Im Himmel, unter der Erde" zu sehen war – ob bei Festivals in Berlin, Peking, Toronto, New York oder Johannesburg: die Zuschauersäle haben bei Willy Wolffs Worten vor Gelächter gebebt. „Seinetwegen könnte ich fromm werden", rief mir ein Zuschauer in London zu. In Jerusalem sagte jemand, das Besondere an Willy Wolffs ungewöhnlicher Lebensweisheit sei „eine seltene Mischung aus ostjüdischem Witz und britischem Humor". Kein Publikumsgespräch verging, ohne dass ich nicht über diesen Mann erzählen sollte. Je öfter ich über Willy Wolff Auskunft gab, desto klarer wurde mir, dass ich über ihn einen eigenen Film machen sollte.

Vier Jahre später ist „Rabbi Wolff" fertig. Es ist ein 90-minütiger Dokumentarfilm über einen ungewöhnlichen Mann geworden, der jedem ein strahlendes Lächeln schenkt, aber selbst viele Schicksalsschläge verkraften musste. Willy Wolff hat nicht nur eine Biografie hinter sich, die von Flucht und Emigration geprägt, sondern auch eng mit der europäischen Politik der Nachkriegszeit verbunden ist. Zugleich ist Willy Wolff ein tiefgläubiger Mensch und Gelehrter, der über das Leben, das Glück und die Zufriedenheit reflektiert.

Es hat eine Weile gedauert, bis ich begriffen habe, welch seltenes Privileg wir als Filmteam genossen: Wir lernten nicht nur eine ganze Reihe seiner engen Freunde und Verwandten kennen – allesamt beeindruckende Menschen –, wir wechselten auch mit Willy Wolff zwischen seinen verschiedenen Lebenswelten hin und her. Wir waren beim Pferderennen in Ascot dabei und bei seinen orthodoxen Verwandten in Jerusalem. Wir erlebten ihn beim Gottesdienst in einer Londoner Gemeinde und beim Russischunterricht in Schwerin, wir waren mit ihm in der Fastenklinik von Bad Pyrmont und beim Weihnachtsliedersingen in der Schlosskirche Windsor. Wir waren am Toten Meer, bei der Landesrabbinerkonferenz und im Britischen Unterhaus. Wir lernten Willy Wolff in immer neuen Facetten kennen, und dabei verging keine Stunde, in der er nicht zu einer weiteren Geschichte aus seinem Leben ansetzte. Jeder, der das große Vergnügen hat, Rabbi Wolff persönlich zu kennen, hat diesen Satz schon oft gehört: „Ich weiß nicht, ob ich schon einmal erzählt habe …"

Über einhundert Stunden an Gesprächen haben wir mit Willy Wolff aufgezeichnet. Nur ein Bruchteil davon passte am Ende in den Film. Aber ich fand es zu schade, den weit größeren Rest als „Abfall" zu betrachten. Ich hatte einen dicken Aktenordner voll transkribierter Interviews mit Willy Wolff und konnte mir nicht vorstellen, dass sich niemand für die

Begegnungen und Betrachtungen des Rabbiners interessieren würde. Ich bin der Verlegerin Dr. Nora Pester sehr dankbar, dass sie sich kurzentschlossen darauf eingelassen hat, parallel zur Endfertigung des Kinofilms ein Buch mit Erinnerungen und Einsichten Willy Wolffs zu veröffentlichen. Ich muss gestehen, dass es sich wiederum nur um einen kleinen Teil des aufgezeichneten Materials handelt, aber ich hoffe sehr, dass wir eine gute Auswahl aus den unterhaltsamen, nachdenklichen und inspirierenden Geschichten des William Wolff getroffen haben.

Britta Wauer, Berlin, 13. März 2016

Biographische Daten

1927	13. Februar: Geburt von Wilhelm und seinem Zwillingsbruder Joachim in Berlin, die Familie wohnt am Holsteiner Ufer im Hansaviertel
1933	ab April: besucht die Schule der Adass Jisroel Gemeinde in Siegmunds Hof 11 27. September: Auswanderung der Familie nach Amsterdam die Geschwister kommen zunächst in ein Kinderheim nach Hilversum
1934	Juni: Vater Alfred Wolff kehrt von einem mehrmonatigen Aufenthalt in der Nervenklinik von Ludwig Binswanger in Kreuzlingen, Schweiz, zurück die Familie wohnt in Amsterdam-Zuid, die Zwillinge besuchen die öffentliche Schule und gehen zur Synagoge in der Lekstraat
1939	Januar: Vater Alfred Wolff kauft ein Haus im Londoner Stadtteil Hendon 28. August: Mutter Charlotte Wolff trifft mit den Zwillingen in London ein
1940	ab Januar: Besuch der Hendon County School, Barnet Februar: Bar Mizwa in der Hendon United Synagogue
1941	die Ehe der Eltern zerbricht; in einem Erholungsheim lernt die Mutter einen neuen Mann, Bernard Hofler, kennen und zieht mit ihm zusammen
1943	Juli: Schulabschluss (General School Certificate), Willy erhält ein halbes Stipendium am Lycée Français in London und belegt dort einen zweisprachigen Kurs in Büroarbeit
1944	beginnt bei der Nachrichtenagentur Reuters in High Barnet zu arbeiten, protokolliert u.a. Funkberichte des Oberkommandos der Wehrmacht

1946 November: Vater Alfred Wolff stirbt

1947 studiert an der London School of Economics (LSE) Internationale Beziehungen und Wirtschaft, wird schwer krank und mehrere Jahre arbeitsunfähig

1954 beginnt bei der Wochenzeitung „Slough Observer" als Reporter

1956 wird Parlamentarischer Korrespondent im Britischen Unterhaus u.a. für die „Yorkshire Post" und die „Liverpool Daily Post"

1962 beginnt seine Arbeit bei der größten englischen Tageszeitung „Daily Mirror"
bezieht sein Haus „Little Paddock" in der Nähe von Henley-on-Thames

1964 23. Dezember: Schwester Ruth stirbt bei einem Autounfall

1968 wechselt auf Bitten seines Chefs beim „Daily Mirror" vom Ressort Innenpolitik in die Außenpolitik, bei einer Reise mit dem britischen Außenminister Stewart betritt er erstmals seit der Auswanderung wieder deutschen Boden

1970 bis 1974: ist mehrmals Gast der WDR-Sendung „Der Internationale Frühschoppen", Moderation: Werner Höfer

1971 eröffnet mit einer Freundin das vegetarische Restaurant „The Whole Meal" in der Upper Street im Londoner Stadtteil Islington, arbeitet parallel weiter als Journalist

1975 wird Europa-Korrespondent beim „Daily Mirror"

1977 freier Journalist, schreibt vorwiegend für die Londoner „Evening News"

1979 beginnt das Rabbinerstudium am Leo Baeck College in London und ist gleichzeitig politischer Berichterstatter der schottischen Zeitung „Sunday Mail", Glasgow

1984	14 Tage vor dem Empfang der *Smicha* (Ordination zum Rabbiner) nimmt sich sein Zwillingsbruder Joachim in Perth, Australien, das Leben wird Assistenzrabbiner unter Hugo Gryn an der West London Synagogue
1985	4. Oktober: Mutter Charlotte Hofler stirbt in London
1986	wird Gemeinderabbiner in Newcastle upon Tyne
1990	kommt als erster Rabbiner zur Gemeinde von Milton Keynes
1993	übernimmt die jüdische Gemeinde von Brighton
1997	wird Gemeinderabbiner an der Wimbledon & District Synagogue
2001	November: von 250 Predigern aller Konfessionen wird er Finalist beim britischen Wettbewerb „The Times Preacher of the Year"
2002	23. April: tritt das Amt des Landesrabbiners von Mecklenburg-Vorpommern an und ist für die jüdischen Gemeinden in Schwerin, Rostock und Wismar zuständig
2005	Wahl zum stellvertretenden Vorsitzenden der Allgemeinen Rabbinerkonferenz in Deutschland
2006	wird mit dem Ehrendoktortitel der Theologischen Fakultät der Ernst-Moritz-Arndt Universität Greifswald und dem Siemerling-Sozialpreis ausgezeichnet
2007	erhält das Bundesverdienstkreuz 1. Klasse und den Israel-Jacobson-Preis
2014	27. Januar: wird Ehrenbürger der Stadt Schwerin
2015	31. März: sein Vertrag in Mecklenburg-Vorpommern endet, er behält den Titel „Landesrabbiner" und erfüllt weiterhin repräsentative Aufgaben

Willy Wolff in Berlin, 2015

Danksagung von Britta Wauer

Viele Menschen waren daran beteiligt, dass der Film über Rabbiner William Wolff entstehen konnte.

Da das Buch auf den Interviews basiert, die während der Dreharbeiten in Deutschland, Großbritannien, Israel und den Niederlanden aufgenommen wurden, möchte ich zuallererst meinem Filmteam danken, ganz besonders Karsten Aurich, Berthold Baule, Felix Heibges und Kaspar Köpke.

Bei der Recherche unterstützten mich viele Freunde und Verwandte von Willy Wolff, ihnen allen sei herzlich gedankt, stellvertretend möchte ich nennen: Kathleen Egleton, Anna Fischer, Eva und Dr. Peter Fischer, Elisheva Friedman, Leo Hepner, sel. A. und Regina Hepner-Neupert, Brian Hillman, sel. A., Elsa und Bernadette Hillman, Stefanie Horn, Dr. Armin und Gaby Jäger, Olga Korneeva, Manuela und Udo Koska, Kryss Katsiavriades, Patricia Lassalle, James Leek, Carolyn Naumann, Karla Pilpel, Gaby Ruppin und Brian Shand, Dr. Hermann Simon, Helen Spiro, Sarah Thompson, Judith Tunks, Abe Wagschal, Ruth Weinberger, Gabriele Williams und Rabbi Alexandra Wright.

Ganz besonders möchte ich mich für die Unterstützung bei der Jüdischen Gemeinde Mecklenburg-Vorpommerns bedanken, allen voran bei Valeriy Bunimov und Juri Rosov.

Bei meiner Familie möchte ich mich für die Unterstützung und für ihr Verständnis bedanken; bei meinen Freundinnen Asita Behzadi, Claudia Bissinger, Janina Dahse, Tamara Dietl, Antonie Kerwien, Amélie Losier und Susanne Utzt für ihre Anregungen und Ermunterungen.

Herzlichen Dank auch an Becky Fullerton, Neele Kilanowski, Laura Köpke, Almut Pape, Mia Sellmann und Jana Westmann, die bei der Transkription der Interviews halfen.

Vielen Dank an Uli Holz für das gelungene Umschlagbild und viele weitere schöne Fotos von Willy Wolff. Ich danke Sarah Pohl für das Lektorat, Michaela Weber für die Gestaltung und Dr. Nora Pester für die gute Zusammenarbeit.

Ganz besonders möchte ich mich bei Rabbiner William Wolff bedanken, der uns immer offen und herzlich empfangen hat und uns viele Stunden seiner Zeit und viele gemeinsame Erlebnisse schenkte.

Fotonachweis:
Elsa Hillman, London (S. 71); Uli Holz, Berlin (S. 36, 59, 78, 86, 90, 93, 99, 103, 108, 115); Kryss Katsiavriades, London (S. 55); Abe Wagschal, Cincinnati (S. 8, 11, 15, 17, 20, 23, 26, 31, 33, 42); Willy Wolff, Henley-on-Thames (S. 10, 46, 48, 66)